部下が自ら成長し、チームが回り出す

1on1戦術

100社に導入してわかった
マネジャーのための
「対話の技術」

由井俊哉
Toshiya Yui

ダイヤモンド社

はじめに　なぜ1on1を使いこなすことで部下もチームも成長するのか？

この本は、部下との関係性や育成に悩むマネジャーのための、1on1（ワン・オン・ワン）ミーティングで使える対話のスキル・型・スタンスを網羅的に解説した、実践書です。

そんなふうに言うと、マネジャーの多くからは、

「部下との対話なんて、自分はできている」
「チームメンバーのことはきちんと把握していて、業務上、特に問題は生じていない」
「1on1って、うちの会社でも導入されているけど、本当に効果はあるの？」

などという声が聞こえてきそうです。確かに、チームを運営し、成果を上げるうえで、「対話ができていない」「部下との関係性が悪い」なんて、問題外のように感じます。当然できている、とみなさん思っていることでしょう。

しかし、私がこれまで1万人の受講者に研修をしてきた経験から言うと、そうしたリー

ダーの自信は、思い込みであることがほとんどです。次の質問に、自信を持ってイエスと回答できるかどうか、考えてみてください。

・あなたの部下は、何でも安心して話してくれますか？
・対話と言いながら、ほとんどあなたが話しているだけになっていませんか？
・メンバーが本当にやりたいことを知っていますか？

もし、少しでも詰まったなら、それは危険信号です。そういうマネジャーが率いるチームには、得てしてこんな症状が見られるからです。

・上司と部下の間に信頼関係がない
・主体性のないメンバーばかり
・問題が起こっても自分で解決できない
・学びが活かされず、何度も同じ失敗をする
・期待をかけても成長しない

先ほど「対話ができていない」「部下との関係性が悪い」など問題外と思ったマネジャーも、この症状には覚えがあるのではないでしょうか。

対話不全は、これほどまでにマネジメントの根幹を蝕《むしば》んでしまうのです。

低成長にオンライン化……正解のない時代にマネジャーを苦しめる「5つの壁」

今、世界は不確実性を増し、正解が誰にもわからない時代に突入しています。

高度経済成長期の日本であれば、答えは上司が持っていて、部下に示しさえすれば成果が上がる、ということがまかり通っていたかもしれません。

ですが現在、上司は（経営者であっても）、正解を持ち合わせているわけではありません。トップに従っていればいいという時代は終わり、現場も含めて一丸となっていかなければ、企業は生き残れない時代に入ってしまったのです。

しかも、コロナ禍により、企業組織のコミュニケーションは新たな難題を抱えることになりました。リモートワークが常態化し、物理的に顔を合わせることの少なくなった部下をどうマネジメントするのか。

上司にかかるプレッシャーは、かつてなく高まっています。

こうした上司側の悩みをつぶさに見ていくと、その悩みは次のように整理できると考えています。この5つを、私は「5つの壁」と呼んでいます。

1 安心して話せないから、上司と部下の間に信頼関係がない
2 課された目標の意味がわかっていないから、主体性のないメンバーばかり
3 フィードバックがうまくできていないから、問題が起こっても自分で解決できない
4 経験学習のサイクルが回っていないから、学びが活かされず、何度も同じ失敗をする
5 部下の動機の源泉（内的キャリア）がわかっていないから、期待をかけても成長しない

お気づきの通り、この5つの壁は先述の「症状」と対応しています。上司が壁を越えられていないことがマネジメントの停滞を招き、組織の症状となって現れているのです。

この5つの壁を、先行きの見えない中で膨大な業務量もこなしながら、上司だけががん

ばってクリアしていくのには、どう考えても無理があります。

必然的に、部下が主体的に問題解決に向けて動き、経験から学んで成長し、課せられた目標を達成できるチームへと進化しなければなりません。

ですが、そんな都合のいい方法なんてあるのでしょうか。それが、あるんです。適切に使えば、5つの壁を突破し、部下が自ら動くようになり、チームが回り出す、方法が。

それこそが、1on1であり、そこで使うと効果的な「対話の技術」なのです。

100社に関わってきてわかった 1on1が部下と上司の両方を成長させるワケ

「1on1といえば、ただ上司と部下が2週間に1回程度、30分ほど話しあうものでしょ？そんなもので上司のマネジメント上の課題が本当に解決するの？」

私自身、そんな言葉をたくさん投げかけられてきました。

ですが、断言できます。

「1on1を正しく扱えれば、部下は自ら成長し、チームは成果を上げはじめる」と。

なぜそう言いきれるのか。

それは、私がこれまでに100社を超える企業に関わり、1on1を導入するなどして、上司と部下の間の対話不全を解消していくことで、チームが活性化し、メンバーが成長し、成果を上げる組織へと変わっていくさまをたくさん見てきたからです。

その中には、私がリクルートマネジメントソリューションズ時代に、『ヤフーの1on1』著者として知られる本間浩輔さんと一緒に導入したヤフーをはじめ、世界有数の外資系製薬会社、大手総合商社、テレビ局など、大企業から中小企業まで多くの企業を含みます。

1on1導入後のアンケート調査では、メンバー側の約8割から、

「1on1の時間をとってもらえてよかった」

「上司との関係がよくなり仕事がやりやすくなった」

など、肯定的なコメントが多く出てきます。人事施策にはさまざまなものがありますが、

ここまで肯定的な反応が多い施策は、ほかにはありません。

一方、マネジャー側にも明らかな利点があります。1on1導入時には、今まで見えていなかった問題が露呈することがあります。それは、今までただ上司と部下というだけで、定期的なコミュニケーションの場がなかったところに、一時的に1on1という強制力が働くため、それぞれの仕事観や人間観がぶつかることすら生じ得るからです。1on1導入後、マネジャーからは、メンバーと積極的に関わることで初めて見えてくる課題が、気づきと成長の機会になったとの声をよくいただきます。

さらに、100社を超える企業に関わってきた経験からわかったのは、対話の技術を駆使して1on1を活用していくことで、結果的にマネジャーを苦しめる「5つの壁」の解消につながるということでした。

1 1on1は、心理的安全性を確保する場として有効

2 1on1は、上司と部下の「視線合わせ」に効き、メンバーの主体性を刺激する場に

3 1on1は、部下が自分で問題解決できるようなフィードバックの場となる

4 1on1は、学びを持論に変える経験学習のサイクルを回す場として最適

5 1on1は、部下の動機の源泉（内的キャリア）を把握し、持続的な成長を促す場として効果的

心理的安全性、主体性を引き出すこと、フィードバック、経験学習、キャリア支援。どれも、正解のない時代にリーダーに求められる力ばかりです。

1on1の場で部下との対話を改善していくことは、マネジャー自身の成長にもつながっていくのです。

「壁」を越える手段として、あえて「スキル」から入ろう

ただ、いきなり「心理的安全性を確保するために1on1を活用せよ」などと言われても、どこから手をつけていいいか、悩んでしまうでしょう。

そこで本書では、あえてスキルから入ります。

先述の5つのメリットを享受するためにも、まずはスキルや対話の「型」を徹底的に身につけてほしい。それは、型を学んでこそ、型を破り、自分流のやり方を見つけることができると考えているからです。

「型」を意識しながら対話を進める中で、たとえば相手によって刺さるポイントが違うことにも気づくでしょうし、よりモチベーションを高める質問や反応の仕方もわかってくると思います。スキルや「型」というのは、それさえ守っていればよい1on1ができるという万能の方法ではなく、相手と向き合いながらアジャストしていく原型と考えていただければいいでしょう。

型を意識して対話を数多く重ねるうちに、きっと自分なりの手法が生まれてきます。そしてその手法を1on1の場で磨き込むことで、部下が自ら動き、成果を上げつづけるチームをつくるうえで、あなただけの「戦術」が手に入るはずです。

そのため、本書では読めば自然と型を身につけられるような構成としています。

第1章は、「心理的安全性を確保して信頼を構築する」「視線を合わせて主体性を刺激する」「フィードバックで問題解決を進める」「経験学習のサイクルを回して学びを深める」「内的キャリアを把握して成長を促す」という1on1の5つの効用を解説します。

第2章では、ティーチング、コーチング、フィードバックという3つのスキルについて解説し、とりわけ重要な傾聴、質問、承認について詳しく説明します。また、それらスキルを使ううえで忘れてはならない「スタンス」についても、ページを割いて触れます。

第3章では、第2章で見たスキルを活かした「型」を使い、第1章で挙げた5つの効用を対話例の中で解説します。いわば、実践例を確認する章です。

第4章では、1on1によって組織のモチベーションを上げた2社の事例をまとめます。両社のマネジメント改革のプロセスを、第2章と第3章で取り上げたスキルと「型」を結びつけながら解説を加えます。

読み終える頃には、1on1での部下との対話の改善が、マネジャーのマネジメントのあり方や、組織としての方針、さらには業績にまで大きなインパクトをもたらすことがわかっていただけるでしょう。

繰り返しになりますが、部下との最近の会話を思い出して、

・自分ばかり話していた
・話そうとする部下をさえぎった
・部下が「わかりました」としか言わない
などといった状態に少しでも身に覚えのある方は、どうかこの先も読んでください。

部下の成長を促し、チームを進化させるのは、1on1でのあなたの対話力にかかっています。いい一言が、相手の次の一言を引き出すのです。

本書で対話の技術を身につけ、本当の意味で「部下の声」に耳を傾ければ、部下もチームも、そしてあなた自身も、大きく成長していくに違いありません。

部下が自ら成長し、チームが回り出す　１ｏｎ１戦術　目次

第1章

１００社以上に導入してわかった！ １ｏｎ１が効く５つのポイント

第2章 1on1を支える考え方と「対話のスキル」——傾聴・質問・承認

第3章 1on1をうまく進めるための「対話の型」

第4章

1on1を使いこなす企業に学ぶ「対話とマネジメント」

CASE 1

リクルート

CASE 2

MSD アジャイル組織の課題「顔の見えないメンバーをどう導くか」
――内的キャリアを刺激する1on1でより深い関係構築に成功

第1章

100社以上に導入してわかった！ 1on1が効く5つのポイント

1on1はマネジャーとメンバーとのコミュニケーションを促進するものですが、それにはいくつもの効用があります。

ここでは「信頼を構築する」「視線を合わせる」「問題解決を行う」「学びを深める」「成長を促す」という5つをクローズアップし、それぞれ実践的な解説をしていきましょう。

「これまでの人材マネジメント」の限界
今現場が必要とする「対話」とは何か

本章では、1on1ミーティングの効用について詳しく解説していきます。はじめに、大前提となる「対話」の意義について少し説明しましょう。

1on1は、「自由に言いあうこと」を認める対話の場でもあります。より正確にいうなら、「メンバーがマネジャーに、自由に話す場」です。

上司であるマネジャーと部下であるメンバーとの間に対話はあって当たり前だと思われるかもしれません。しかし、実際に「何でも自由に言いあえる関係」を築けているかと問われて、自信を持って「イエス」と言える人はそれほど多くないのではないでしょうか。

実際、マネジャー側からは「うちのメンバーは意見を聞いても出てこない」とよく聞かされますし、メンバー側からは「マネジャーと向き合って話をするのはキツい」という反応が返ってきます。例外はあると思いますが、部下にとって上司との対話というのは、なんとも言えず重苦しい空気がつきまとい、「気の置けない友人との会話」のように弾むものではないでしょう。
こうした「対話不全」に陥りがちな上司・部下の関係性をよい方向へと導く対話の技法こそ、1on1なのです。

正解のない時代「上意下達」では人も組織も動かない

では、今になってなぜ自由に言いあえる関係性、そしてそれを支える対話の技法が求められているのか。私自身の経験を振り返って説明します。

私は1980年代半ばに社会人になりましたが、入社したのはリクルートで、企業文化として自由にものが言える会社でした。というより、「お前はどうしたい?」とつねに自分の意志を問われる会社でした。

後年、営業担当として多くの顧客企業に人事・人材開発に関わる製品・サービスを提供してきましたが、リクルートのような文化を持つ会社はほとんどありませんでした。「自由にものが言いにくい」というと語弊がありますが、少なくとも部下は自分の意見を自由に言うことは少なく、基本は上司の言うことに従うことで仕事が進められていく。そんな経験を積み重ねながら、業績を上げて管理職になると、今度は自分が上司として部下に言うことを聞かせて仕事を進めていく。このような連鎖の中で、多くの企業は事業を続けてきたと言えます。

歴史を遡れば、こうした「上意下達」のコミュニケーションが高度経済成長をものの見事に支えてきたのでしょう。生活上で不足しているものを次々に生産すれば、砂が水を吸うように綺麗《きれい》に売れていく。成長のメカニズムは明瞭ですから、上司の指令は次々に実行に移され、やればやっただけの成果を生み出す。製造業だけでなく、あらゆる産業に、そういう爆発的な成長メカニズムが共通していました。「いいからやれ！」という上司のハッパは納得感などなかったと思われますが、言われた通りにやれば成果が上がり、給料も上がるのですから、従っているほうが楽で、しかも評価も高くなるわけです。

しかし、１９９０年代以降、かつての成功体験は逆回転を始めます。バブル崩壊後、低成長経済に突入する中で、これまでの人材マネジメントがさまざまな不具合を生み出し、成果を生まなくなりました。上司は壁に突き当たります。

上意下達によって成果が生まれない、となると、上司に対する信頼感も揺らぎます。これまでの上司は、正しく判断して成果を出す優れた存在でしたが、今はどうでしょうか。正解が誰にもわからないのですから、チーム全員が知恵を出しあい、総力戦でビジネスを遂行しなければなりません。となると、仮に「言いたいこと・言うべきこと」があっても「言わない・言えない」という関係性は、現在のビジネスにはまったく益することがない、ということになります。

ならばどうすればいいのか。この問いへの解の1つが上下間コミュニケーションの改善であり、その代表的な手法が1on1ミーティングだ、ということになるでしょう。

1 信頼を構築する
——心理的安全性アップで貢献を高める

1on1を導入して自由にものを言いあえるようになることでいったいどんな効用を得られるのか。ここから、5つのポイントに分けて解説していきます。

1on1の効用の第一は、**心理的安全性を向上させる**、ということです。心理的安全性とは一言でいえば、言いにくいことや言いたいことを、お互いに言いあえる状態のことといえます。

心理的安全性については、読者のみなさんと一緒にいくつかの観点で考えていきたいと思います。まず考えてもらいたいのが、以下の質問です。

「自分自身の経験を振り返り、やる気が出た職場経験と、やる気が減退した職場経験を思い出してください。そして、どのような職場ではやる気が出たか、逆にやる気が出なかったのはどういう職場かを考えてみてください」

私自身の経験を振り返っても、ある職場ではすごく自分らしく働けて、エネルギーも出て結果も出せた一方で、なぜかわからないけど自分らしく振る舞えずに萎縮してしまい、その結果思ったように動けずに成果が出ない、ということがありました。

このような違いが生じる1つの理由が、心理的安全性の有無です。

職場の信頼関係が、なぜ業績につながるのか？

どうせ仕事をするなら、チームのみんなが成果を上げやすいように足もとを整えたほうがいいですよね。砂浜を全速力で走ってもいいタイムは出ません。整備された陸上用のトラックで走ったほうがいいタイムが出るわけです。

これと同様に、マネジャーが自分のことを認めていないとメンバーに受け取られていたり、マネジャーの対応がつねに否定的な職場だったりすると、当然ながらメンバーは話す気がなくなりますし、やる気も下がります。会議の席でもマネジャーが、自分と同じ意見が出てこないと機嫌が悪くなる、となったら誰も意見を言わなくなるでしょう。このように心理的安全性が確保されていないと、「黙っていたほうが得だよね」「何か言ったら馬鹿を見るし

成功循環モデル

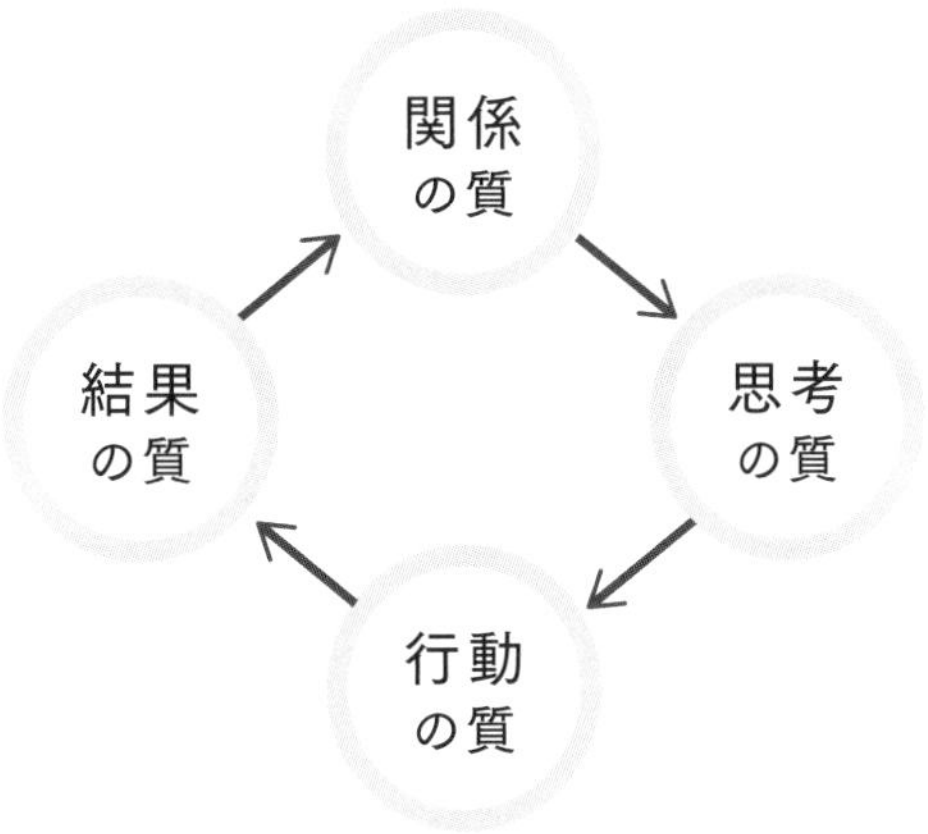

な」という空気になり、そうなってしまえば皆が何もしなくなるのは当然です。

それが逆だったらどうでしょうか。お互い信頼し、尊重しあう関係性が築けていたとしたら？　会議の場でも、「それはおかしいのでは？」と安心して言えますし、その発言に対して攻撃されたりもしませんから、「よく言ってくれた」「その観点には気づかなかった」ということになるかもしれません。少なくとも、異論があっても言わない、ということにはなりません。肯定的な意見だったらどんどんみんな乗っかってきて創発が生まれて、本当にアイデアがよりよいものになっていく。そしていい成果につながっていく。こうしたチームが成功するのは、ＭＩＴ組織学習センター創始者のダニエル・キム氏が提唱する「成功循環モデル」でも説明できます（Daniel H. Kim, *Organizing for Learning: Strategies for Knowledge Creation and Enduring Change*（Pegasus Communications, 2001））。

1on1を導入している企業の方々は、声を揃えてこんなふうに言います。「マネジャーが確たる答えを持っている時代ではなく、現場がみんなで力を合わせて考えないと突破できないから、主体性を引き出すために1on1をやる」。それにもかかわらず、会議の席で相変わらずマネジャーが1人で発言していてメンバーの意見を聞かない、では話になりません。そこでいかに意見を吸い上げて、いいアイデアを出して、いい戦略、いい企画につなげていくかが問われています。

グーグルが採用し、8割が支持する異色の人事施策「1on1」

グーグルをはじめとして世界の最先端で戦って成長している企業の多くは、心理的安全性の重要性を公に認めていて、それを確保するための1つの方策として1on1を活用しています。正確に言うなら、職場の心理的安全性は、そこに所属する人の関係性も影響しますから、１ｏｎ１だけでは解決しないかもしれません。ただ、１ｏｎ１は多くの場合、マネジャーとメンバーの間の心理的安全性を高めることにつながります。本当に多くの会社が、職場の人間関係を改善し、心理的安全性を築きたいと考えて１ｏｎ１を導入しています。

経験的に言うと、半年の間、真面目に１ｏｎ１を続けた会社は、マネジャーとメンバーの関係性が改善されます。メンバー側にアンケートを取ると、およそ7、8割が肯定的に捉えています。「自分の話を聞いてもらえる場が定期的にあるということがよかった」というのが典型的なコメントですが、業種や規模を問わず同じような結果が見られます。そのくらい「自分のことを見てくれている」「話を聞いてくれている」「認めてくれている」というのは人にとって大事なことですし、必要としていることなのでしょう。

長く人材領域のサービスに携わってきましたが、人事部門が行う施策の中で現場の8割が賛成するものはあまり見たことがありません。ここからも１ｏｎ１がいかに効果的であるか、ということがわかります。

「鎧を脱いで本音を語ってもいいんだ」心理的安全性がマネジメントを楽にする

ここで1つ、伝えておかねばならないことがあります。

1on1によって職場に心理的安全性が確保され、仕事に向き合う環境が整うことまではいいのですが、それですべてが解決するわけではない、ということです。心理的安全性さえあれば、「チームとしての成果も上がる」「部下が主体的に何かにチャレンジする」「自分のキャリア・イメージを明確にしてそこに向かっていく」というところまで、簡単に実現するわけではありません。

1on1によって働きやすい職場にするとか、心理的安全性を高めたいというのはどちらかというと前提条件のようなものです。

心理的安全性という前提を踏まえてチームとして成果を出すには、もちろんマネジャー自身のリーダーシップも問われます。マネジャー自身が仕事でチャレンジしていない、メンバーにチャレンジを促せていない状態では、たとえ心理的安全性があったとしても、当然ながらマネジメントはうまくいきません。

そんなときにマネジャーが意識しておくといいことが2つあります。

1つは、マネジャー自身が、「鎧《よろい》を脱いで本音を語ってもいい」ということ。職場に心理的安全性があれば、マネジャーの立場であっても安心して本音を語ることができるようになります。

会社の風土によっては、1on1の中でマネジャー自身がどうやったらモチベーションが上がるかとか、メンバーがどうしたらモチベーションが上がるかとか、そういうことをちゃんと話しましょう、と言うと、驚くことに「そんな個人的なことを話していいんですか?」と言う人もいます。

多くの日本企業は、「自分がどうしたいか」という意志を尊重せず、組織の中での役割を最優先させており、そこで働く個人はそんな企業風土にがんじがらめになりがちです。本当は誰にでも「自分はこういうことをやりたい!」という思いがあるはずです。でも、「それは立場上言えない」などと、組織の中での役割意識が邪魔をしているのです。特に管理職という立場の方々は、そうした沼にはまっています。多くの管理職を見てきましたが、「鎧を脱いで本音を語ってもいいんだ」とか「こうやらねばならない、ということだけじゃないんだな」と思えた瞬間から楽になった、と多くの人が言います。

1on1で心理的安全性を築くとき、マネジャーにとっても安全な場なんだという点を意識していただくことで、よりまっすぐメンバーに向き合うことができ、結果、メンバーからも本音の意見が出てくるようになるのではないでしょうか。

「1on1を使わない手はないですね」と納得させられるかがカギ

意識していただきたいことの2つめは、安心して意見を言って1on1を活用してほしいというメッセージを、メンバーに対して積極的にマネジャーが打ち出すことです。

なぜわざわざそんなことを、と思うかもしれません。このことを理解するために、ここで1on1を受ける側＝メンバーに焦点を当てて考えてみましょう。今まで私が見てきた経験からは、メンバー側の特徴としておおむね「2－6－2の原則」が当てはまります。上位2割は、マネジャーとの1on1を機会として捉え、自分のために積極的に活用しています。しかし、下位2割は、「もうあの上司とは1on1をやっても意味がない」「毎回テーマを考えるなんて気が重くてやりたくない」とネガティブな反応を見せます。中位6割はどっちつかずですが、上位2割から影響を受けたり、本来の目的を理解したりすることで、中位層のうち6、7割は、前向きに動き出していきます。

1on1という場は、自分でうまく使って、「やりたいことを実現していく」とか、「自分の成長を加速するためにマネジャーを巻き込んで自分のやりたい仕事をやっていく」などということに気がつくと、そこで前のめりになっていきます。

今述べた中位6割の人たちを前向きにさせるためにこそ、安心して1on1を活用してほしいというメッセージを発していくことが重要です。

もともとこの層にいる人たちは、安心感がなければ自分の意見を主張することは少なく、そもそも自分から1on1を活用する意義がわかっていないことも多いです。これが、たとえ心理的安全性が確保されたとしても、動かないように感じてしまう原因だったりもします。

ただ、この中位層はきっかけをつかめばよいほうに変わります。自分のキャリアについて考えたり、自分は何に動機づけられるのかということを思い出したりしてもらえれば、こういうことがしたい、というイメージが湧いてきます。それに対して、「周りから見ていてあなたはこういうことが得意なんじゃないの？」といったやりとりを1on1で行うことができるのが理想です。

私が研修などを通じて、メンバー側にそんなことを伝えると、「そういうことだったら使わない手はないですね」とけっこう前のめりになることがあります。そんな人には、「これから自分の強みを活かしてどんなことをしていきたいか」、というところまで考えてもらい、「それを次の1on1でマネジャーの方に話してみてください」、と言って送り出します。

1on1を導入したのに何も変わらない、と壁を感じているときは、1on1を自ら活用できる人を増やす、ということを意識するといいでしょう。

人の話を黙って最後まで聞くのは、なぜ難しいのか？安心な場づくりに欠かせない最後のピース

私が関わってきた企業の部長のケースを紹介しましょう。

彼は新たな職場に来て、最初の半年間、とても苦しんでいました。メンバーはみな経験豊富で、自分よりものがわかっている人だらけ。自分は各論での判断も指示もできないし、早くキャッチアップして頼られるようにならないといけない、と言って焦っていたのです。彼

の中には、部長はその組織の中のトップで、誰よりもものがわかっていて、質問されたら答えられて、正しい回答が出せる。それが部長という存在なんだ、という考え方がありました。というのも、前の職場では、業務に関しては何でも知っていて、みんなに頼られる。それが組織に貢献している実感につながり心地よかった、というのです。

でも、違う組織に来たら、前の経験が通用せずに焦っている。そんな彼に私はこう問いかけました。

「部長のそもそもの役割って何なのでしょうか？　各論で現場の判断をするということなんですかね？」

彼はしばらく考えてから、

「ビジネスの全体像を考えて未来を創っていくことでしょうか」

「部長には課長やメンバーとは違う視座・視界がありますよね。現場の課長やメンバーは実務的な面では優秀かもしれないけど、あなたはこっちで勝負することが求められているのではないですか？」

彼には、深い気づきがあったようでした。一人で悶々《もんもん》としていると、このような気づきは生じないものです。

業績を上げるから昇格する、というのが一般的な人事の仕組みです。つまり、所属組織で期待されている成果を上げることでメンバーから課長格へ、さらには部長格へ昇格していくのです。組織づくりや人材育成がうまいだけでは昇格することは少ないのが実態です。だから、管理職になっても自分自身で課題解決ができることが組織の期待に応えるために最も重要なことだと思ってしまうのでしょう。

ただ前にも述べましたが、常に上司が正解を持っているわけではないし、正しい戦略を打ち出せるわけではない。より正解に近いのは現場のほうで、現場のメンバーの知恵を借りて、それでよりよい答えをつくっていくしかない。だから一丸となってやっていかない限り、もう勝ち残れない、ということを企業の方はみんな言うのです。でも、実際のマネジメントではそれが実践できていません。ここのズレは多くの職場の課題でしょう。

マネジャーに問われていることは、メンバーみんなが本音で話せるような安全な場所をつくって、みんなの能力を信じればがんばってくれるんだ、と考えて関わっていけるか、ということにつきます。ただ、そのベースとして、きちんとビジョンを示してそこに向かうんだ、という姿勢は必要です。その両方がないといけません。今のマネジャーは難しいと思うのはここです。今まで部下や後輩の話を聞かずに指示されたことだけをガシガシやって結果を出してきた人が、人の話を聞け、と言われているわけですから。

研修を受講するマネジャーは「こんなに人の話を黙って最後まで聞いたことはありませんでした」という人が大半です。そのぐらい、マネジャーはメンバーの話を聞いてないし、聞いても意味がないと思っていたのだと思います。

安心な場をつくったら、しっかりメンバーの話を聞くことを心がけてください。でなければ、現場にヒントがあることにすら気づけずに、ひどい場合はチームを停滞させてしまうかもしれません。

2 視線を合わせる
――目標共有で主体性を刺激する

次に、目標を共有するためにも1on1は有効です。

組織には必ず業績目標がありますが、「売上、利益、前年比20%アップ」というような無味乾燥な、というか、押しつけられた目標にモチベーションが湧き、みんなでがんばる、ということは難しいことだと思います。そこにはみんなでやる気を高めるためのプラスアルファが必要ですし、それをつくって腹落ちさせるために1on1は効果を発揮します。そこでなされるべきは「伝達」ではなく、まさしく対話です。

多くの会社では、経営会議で事業戦略を決定し、組織単位の目標数値はそこからブレークダウンされてくるものです。これは会社全体で利益を追う限りはやむを得ないことで、それが「私は、これ絶対にやりたいです！」というものでなくても、実現に向かって努力はせざるを得ません。多分に指示命令的なものではありますが、それを「自分の目標なんだ」と思えるかどうかで、腰の入り方が変わります。

だからマネジャーは、

「その目標が実現できたら、あなた自身にはどのようなプラスの影響がありますか?」

「その目標が達成できたときに、あなた自身はどう成長していますか?」

「その目標達成の先に何がありますか?」

というように、目標の意味づけや目標の先にある目的を明確にするための問いかけが重要になります。このような組織一律の目標を遂行するときに、個々人が得るものを示してお互いが握るために、1on1という時間と場はうってつけです。逆に、業務に関わる事柄であっても、個々人の考えとすり合わせる機会は、放っておいたら生まれません。

数字や目標を自分ごと化してもらうための WILL、CAN、MUSTのフレームワーク

なぜその目標に向かっていくのか、自分はどうしてそこにいくのかという、自分にとっての意味と、もう1つはその目標の先にさらにどんな目的があるんだろうということを組織のトップと現場とが共有できていることが理想です。その意味では、ビジョンをちゃんと出し

て、こういうことを実現していくんだということをマネジャーは示す必要があります。「売上目標は上位組織からブレークダウンされたものではあるが、私はこういう意味で実現したい」とメッセージを伝え、「そのうえであなたはどうする？」と問いかけることが重要です。伝達ではなく対話、というのは、まさにこういう意味なのです。

言い換えると、自分ごとにするのが大事、ということですし、自分ごとにするためにはストーリーが必要である、ということです。言われたからやります、ということではなくて、自分はこうしたい、というストーリーです。売上数字はただの数字ですから、考えてみれば、そのためだけに人はがんばれるはずがありません。

もちろん、数字を上げなければならないことはみんながわかっている事実ですし、それに対して（やれやれ、とは思うかもしれませんが）誰もNOとは言いません。しかし、数字を示して「必達だから、やれ！　やるのだ！」とだけ繰り返したところで、モチベーションは上がりません。繰り返しになりますが、大事なのは、その数字を達成したときに「自分たちはどうなっているのか？」ということをマネジャーとメンバーの間でしっかりと共有できていることです。そのためにメンバーの「WILL（やりたいこと）」を問い、「CAN（できること）」を承認し、目標である「MUST（やるべきこと）」との接点について対話をする

WILL・CAN・MUSTモデル

人は、
やりたいこと(WILL)、できること(CAN)、やるべきこと(MUST)
の3つの要素を満たすとき、
より大きなやりがいを感じるとされています

- 実現したいこと
- なりたい自分
- 興味関心
- 価値観
- 意欲

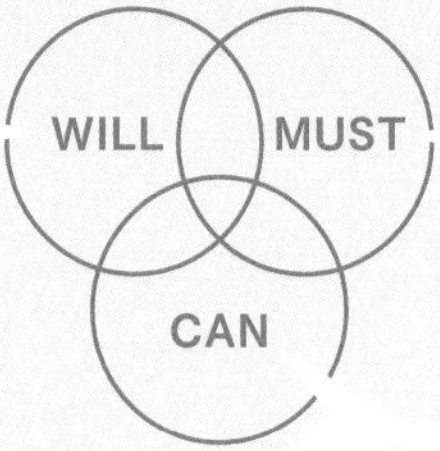

- 会社や上司からの期待
- 業務上の目標やゴール
- 顧客からの期待
- 家族からの期待

- できること　・強み(＊弱み)
- 使うことができるリソース
(＊これから獲得すべきリソース)

自身のWILL・CAN・MUSTを考えてみましょう

	観点	内容
WILL	・実現したいこと ・なりたい自分 ・興味関心 ・価値観 ・意欲	
CAN	・できること ・強み(＊弱み) ・使うことができるリソース (＊これから獲得すべきリソース)	
MUST	・会社や上司からの期待 ・業務上の目標やゴール ・顧客からの期待 ・家族からの期待	

場として、1on1は有効なのです。

「思いを自分の言葉で語る」ことで「役割」に縛られない貢献の仕方を模索する

ストーリーをつくる。これを別の言葉で説明すれば、「自分の言葉で語る」ということになります。

私が関わってきた企業の部長とのやりとりを紹介します。

1年後に役職定年を迎える、ある企業の部長が、「この1年は後進に引き継いでいくために、いろいろなことを整えていきたい」とおっしゃいました。そして、これをやりたいあれをやりたい、とさまざまな事柄を挙げました。どれも実務的な事柄です。ひとしきり話してもらった後、私はこう言いました。

「あなたは、この組織をどのようにしたかったのですか？　あなたが大事に思ってきたことを、この組織の哲学として言葉に残してはいかがですか？」

すると、その部長はハッとした表情を浮かべました。

つまり、自分の思いを言葉にして伝える、ということを職場の中でほとんどしてこなかったことに気づいたのです。思いがないのではなく、自分の中にはさまざまな熱い思いがあるのです。でも、実際に言葉にしていたのは「売上を3か年でここまで伸ばす」というようなことばかり。お話を伺っていて、もっと思いを外に出してしまえばいいじゃないか、と私は思ったのでした。

自分の思いを自分の言葉で語るということを、なぜ私たちはしないのでしょうか。それは、ほとんどの人が「役割」を最優先にして仕事をしているからです。だから、本当は言いたいことや言うべきことがあっても、言葉にしない。それが、人を苦しくさせているし、組織に大きなプラスを与えるチャンスをみすみす見逃しているのかもしれません。

たとえば、目標設定面談で長時間話すことはあるでしょうか。実態は、3分ほどで終わっています、という人が多いのではないかと思います。多くの場合、そこでなされるのは伝達に等しい、ということではないでしょうか。そうではなく、1on1の場でメンバーに多くのことを語ってもらい、マネジャーのほうも語ってみてはいかがでしょう。

「対話も信頼関係もできている」というチームほど目標共有がされていない？

ある企業の研修で、私は受講者のマネジャーたちに向けて、「この目標はあなたにとってどんな意味がありますか？」とか「この目標の先にどんな目的がありますか？」などと問いかけていきました。

受講者は、人の気持ちよりもロジック優先で、それまで「人に興味なんかありません」というふうに見ていた人たちばかりでした。しかし、研修を通して、「確かにこのほうがやる気が出るな」と思った瞬間、姿勢が変わったのです。ビジョンとか夢とかやりがいとか言われてもピンとこなかった人でも、実は感情や価値観が入ることによって行動化が促進される、ということをロジカルに理解すると、「これをやろう！」ということになるのです。超合理的な、無駄話もしないし、職場で笑顔を見せたりするのは必要ない、と言っていた人が、研修が終わったら「信頼関係をつくるために無駄話をいっぱいしています」などと驚くべき変化を見せることがあります。

かえって、「対話で信頼関係をつくるなんて、わかっているし、できてるよ」、と言う人のほうが、研修の効果が出にくいような気がします。

ぜひ、自分の考えを言葉にしてどんどん外に出してみてください。メンバーの主体性を刺激し、結果として組織目標へのより強いコミットを引き出すことにつながるはずです。

3 問題解決を行う

――前向きなフィードバックで業務推進

今のマネジャーたちは、メンバーにとって耳の痛い話をすることが、とても苦手です。優秀な人たちが集まっている会社ほど、言えない傾向があるように思います。

1on1は基本的にはマネジメントを進めるためのものなので、相手の中にある答えを引き出すコーチングだけでは機能しません。新入社員など、相手に仕事の知識がない場合は、ティーチングで教えなければ動けないし、本当に「こう動け！」という必要があるときには、指示命令すべきです。ですから、課題の緊急度や重要度と、本人の習熟度や成熟度などを踏まえながら、ティーチング、コーチング、フィードバックの3つを使い分ける、もしくは組み合わせて使うことが重要です。

また、メンバーが間違った方向に行きかけていると気づいたら、相手がポジティブに受け止められるようにフィードバックしながら正しい方向へと導くということも必要です。

フィードバックにより、マネジャーはメンバーの課題解決をサポートして、チームの目標達成の障害となっているものを取り除き、業務を推進していかねばなりません。こうしたフィードバックの観点からも、1on1は非常に有効です。

型を学んで破らなければ、形無しになってしまう

実際の研修で大事なのは、マネジャーからフィードバックを受けるメンバーの役を体験することです。

メンバーの立場に立ったときに、こう言われたらいいけど、あの言われ方だと嫌だな、という実体験が役に立つのです。

研修後に、実際の場でフィードバックをやりましたという人の話を聞くと、「あのときにちゃんと準備して、シナリオを書いて練習して言葉に出したことで、本番でもうまくいきました」という人が少なくありません。内容が重ければ重いほど、事前準備で言葉に1回出して練習したかどうかで随分変わります。実際に言葉にしてみると、やっぱりその言い方は違

うかな、と気がつくこともあるようです。

もちろん、そんなセオリーを使わなくても関係性がよければ、「それはダメだよ」、と軽く言うこともできるでしょう。ただ、組織には異動で新しいメンバーが来ることもありますし、つねに全員と信頼関係をつくれるわけではありません。だからこそ、型はきちんと1回学んで、そこから型を破り、自分のやり方を見つけていくことをお勧めしています。そうじゃないと形無しになってしまい、効果的なフィードバックを行うことができません。

フィードバックの目的は、ダメ出しして、落ち込ませることではなく、立て直して戦力になって活躍してもらうことです。たとえメンバーにとって耳の痛いフィードバックだったとしても、それはそのメンバーの成長の機会だということを覚えておいてください。

1＋1＝2以上の力を発揮するチームづくりに欠かせないこと

会社組織で一般的なフィードバックというと、人事評価のフィードバックを想起される方が多いと思います。人事評価のフィードバックで厄介なのは、賞与や昇給に影響があるため、説得モードになりやすいことです。無理矢理説得するようなフィードバックをもらっても人は納得することはできません。だからこそ1on1の場を使って、説得ではなく納得できるようにいい関係をつくっていくことが大事なのです。

そうした関係をつくることによって、普段のフィードバックも的確なものになっていきます。そもそもフィードバックは、言われている中身以上に、言っている人の影響を受けますから、信頼関係がないと受け入れがたいものです。「言われていることはわかるけれど、あなたには言われたくない」ということがあるのです。


1on1はスキルとしてだけ捉えると、「マネジャーは話を聞けばいいんですよね」と、ただ聞くだけ、になりがちです。でも、冷静に考えれば、それだけでマネジメントができるはずがありません。答えを教えて指示命令する、という手法で成果が出なくなった以上、考えて行動するメンバーにタイミングよく、的確なフィードバックをすることが必要になります。

的確なフィードバックでメンバーが主体性を持って動くことをサポートして初めて、チームは1＋1＝2以上の力を発揮することができるのです。

4

学びを深める
——リフレクションで経験学習を促進する

経験学習とは、「経験から内省し、持論化して次の状況に対応することで人は成長する」という考え方ですが、この考え方はメンバーの成長を促進するという1on1の目的になじみやすく、特に「内省＝リフレクション」を促進するために1on1は有効です。

ビジネスパーソンの成長の7割は仕事の経験によってもたらされます。マネジャーの指導や本を読むことだけで成長したという人は、まずいません。それらの効果は、せいぜい1、2割です。なんとか困難を乗り越えて仕事の結果を出す、ということを繰り返しながら、人は仕事に習熟していきます。それならば、7割を占める仕事の経験からの学びの効果を高めることが大事です。

いつも同じところで失敗して止まってしまうメンバーと、1回失敗したら自分で勘所をつかんで乗り越えていけるメンバーがいます。つねに自分で内省して気づきを得て、教訓にしていける人ばかりではありません。だとしたら、1on1の場で、マネジャーが適切な問いかけをすることで支援できるはずです。

言語化できないと再現できない同行営業で思い知った経験学習の重要性

ここで少し、私自身の経験を述べることにします。

営業マネジャーを務めていた頃、私はよく同行営業をしていました。あるとき、大事な社長プレゼンでクロージングがうまくいって、大きな発注をもらったことがありました。

その帰る道すがら、「今日、あの社長は僕らに何を一番期待して発注してくれたと思う?」とメンバーに問いかけたところ、本来の担当者であるそのメンバーはキョトンとして答えが戻ってこないのです。つまり彼は、なぜ売れたかがわかっていないのです。

彼にとっての経験学習は何かというと、ここぞというときにクロージングに強いマネジャーを連れて行くと目標達成できる、ということ。これだけを学んだのです。私は「一緒にやったら学んでくれるだろう」と思って、一生懸命やっていたのが、まったく伝わっていなくて唖然《あぜん》としました。「あのとき、社長はこう言っていたよね」とか、「担当者はこういうことを要望していると言っていたじゃない」とか、一つひとつ紐解《ひもと》いて振り返っていったら、「ああ、そうでしたね」「ああ、そういう意味だったのですね」などと言うのです。つまり、意味もわからず営業していた、ということです。

勢いだけの営業で、つねに周りの力を借りて売っていた営業担当の中にはこういう学習をしてしまっている方が少なくありません。営業の場合、本当は、「なぜうまくいったか」と聞かれて言語化できないと、再現して売ることはできないはずです。たまたま売れてしまった営業担当は、なぜ売れたのかを言語化できないのです。

「1on1を入れてから、仕事がすべて研修に」

実は経験学習というのは、うまくいかなかった仕事を振り返るのもいいけれど、うまくいった仕事についてどうしてうまくいったかを振り返るほうがさらに効果がある、と北海道大学の松尾睦《まこと》先生は言っています。

いろいろな企業で話を聞くと、うまくいったときは意外と振り返りをしていない人が多いようです。

ぜひ、メンバーがうまくいった仕事をテーマにして、１ｏｎ１の場で経験学習を進めてみてください。

あるマネジャーの言葉で、１ｏｎ１を入れてから、仕事がすべて研修になった、という名言があります。まさに経験学習が機能している状態なのでしょう。

このように、１ｏｎ１の中にはマネジメント上のエッセンスがたくさんあるのです。

5 成長を促す
――キャリア支援で中長期的な育成

メンバーの先々のキャリアについては、日常の仕事時間の中ではなかなか話をすることができないので、1on1だからこそできる対話かもしれません。

そこでは、「私はこういう役職に就きたいです」ではなく、もっと手前のこと、つまり仕事に対する価値観や、大事にしていること、仕事を通じて世の中にどんな貢献をしていきたいかなど、モチベーションに影響するような部分についての対話が求められます。

キャリアの大家であるエドガー・シャインが提唱した分類でいうと、外的キャリア（職業や職位）ではなくて内的キャリア（仕事に対する動機や意味づけ、価値観）の話をしっかりするということになります。

おそらくこのような価値観の話は、職場でほとんどしていないのではないでしょうか。ただ、1人の人間が仕事に向かっていくときに発する言葉、意思決定の仕方、行動の仕方といったものには、その人が大事にしている価値観が大きく影響しているはずです。だからマネジャーは、まずそのことをメンバーに話してもらい、理解するところから始めることが重要です。

残念ながら、実はマネジャー側のほうにこそ、キャリアのことをほとんど考えずに、目の前の仕事に追い立てられてきた人が多い、というのが現実だと思います。

年に1回のキャリア申告制度やキャリア面談など、多くの企業が導入していますが、実際そこで話しあわれているのは、今度はこの部署に行かせてください、とか、この仕事をやらせてください、という表層的なことだけ。「どうしてそうしたいの？」と考えを深掘りして聞く、ということにはなかなかならないのではないでしょうか。ぜひ内的キャリアに関することを1on1の場で積極的に話すことをお勧めします。

「内的キャリア」を知るために上司も部下も書くべきライフチャート

若手の離職が目立つ企業のマネジャーから聞いたエピソードです。

今とは違う仕事をしたいので辞めたいという若手と面談した際のこと。引っかかるものを

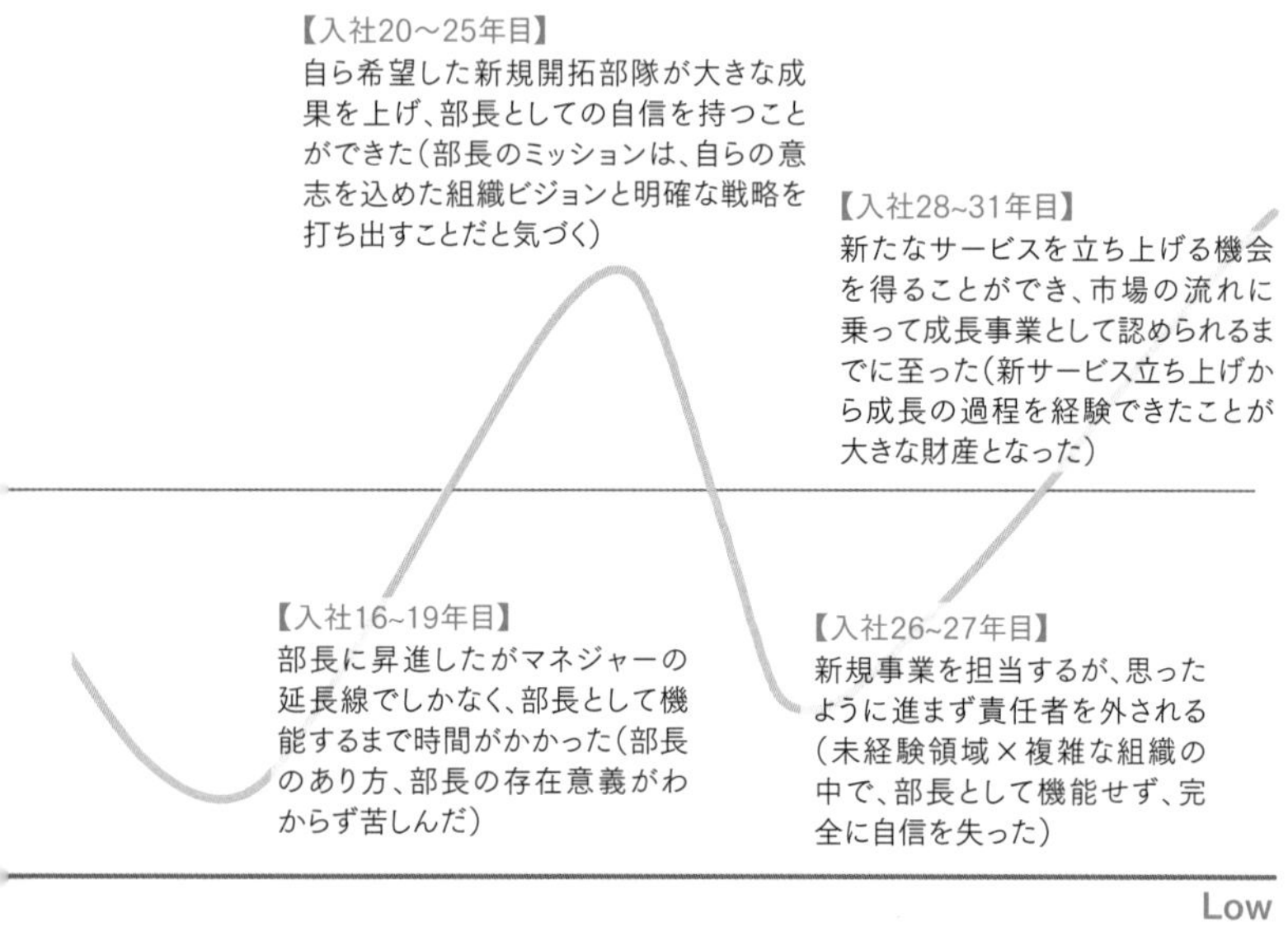
【入社20～25年目】
自ら希望した新規開拓部隊が大きな成果を上げ、部長としての自信を持つことができた（部長のミッションは、自らの意志を込めた組織ビジョンと明確な戦略を打ち出すことだと気づく）
【入社28~31年目】
新たなサービスを立ち上げる機会を得ることができ、市場の流れに乗って成長事業として認められるまでに至った（新サービス立ち上げから成長の過程を経験できたことが大きな財産となった）
【入社16~19年目】
部長に昇進したがマネジャーの延長線でしかなく、部長として機能するまで時間がかかった（部長のあり方、部長の存在意義がわからず苦しんだ）
【入社26~27年目】
新規事業を担当するが、思ったように進まず責任者を外される（未経験領域×複雑な組織の中で、部長として機能せず、完全に自信を失った）
Low

感じた彼は、その若手が何を実現したいのかという内的キャリアについてよく聞いてみたそうです。そうしたら、なんのことはない。「それ、うちの会社で今やっていることがつながっていくことだよね」と言ったら、その若手はハッとした顔をして、結果的に転職しないですんだ、というのです。

内的キャリアについては、本人もこのくらい自覚していないし、マネジャーも同様に自覚していないからすれ違ってしまう。ちゃんと内的キャリアについて、「あなたは、何を大事に仕事をしているのか？」というところから聞いて、WILLを

記入例：著者自身のライフチャート

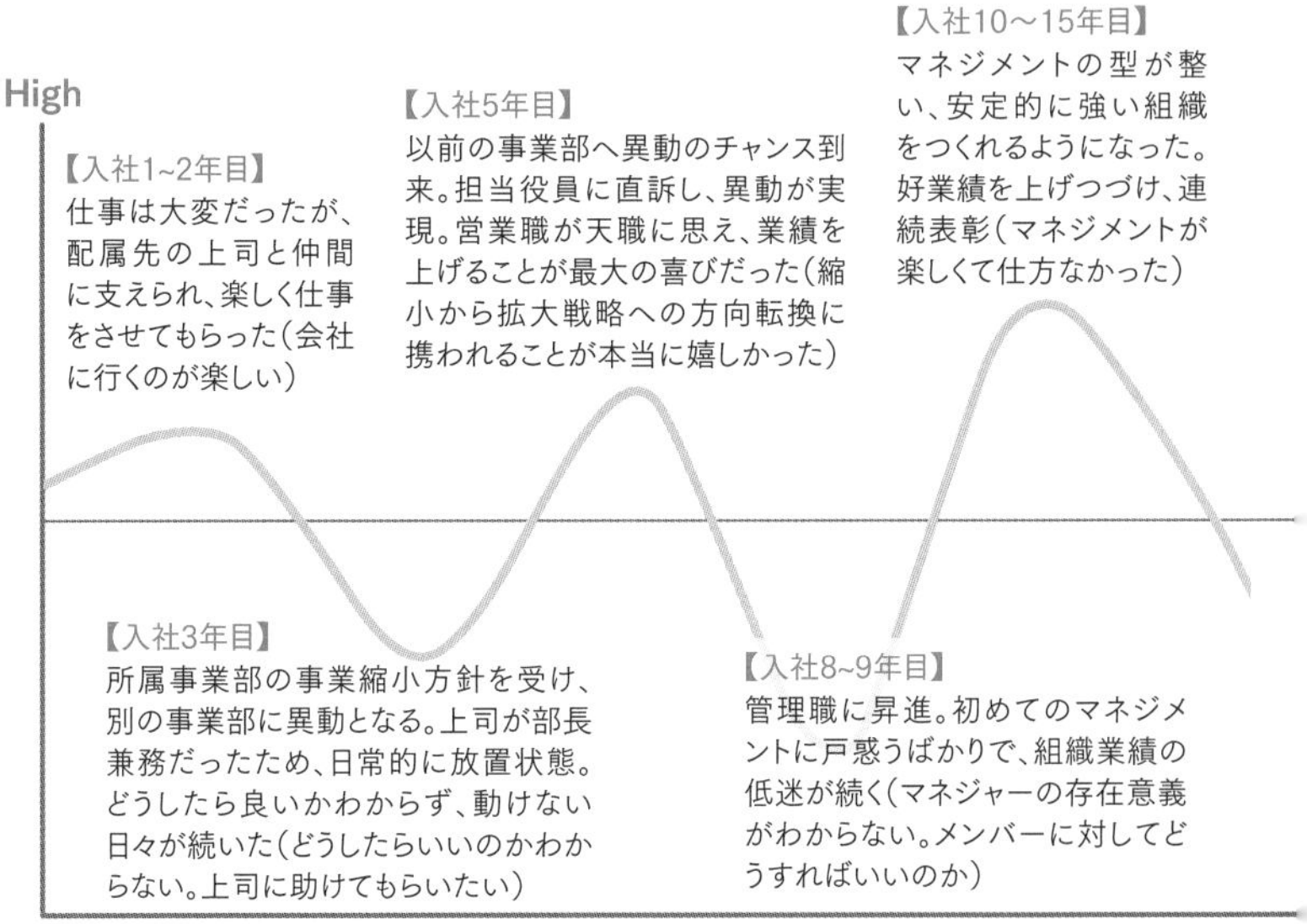
High
【入社1~2年目】
仕事は大変だったが、配属先の上司と仲間に支えられ、楽しく仕事をさせてもらった（会社に行くのが楽しい）
【入社3年目】
所属事業部の事業縮小方針を受け、別の事業部に異動となる。上司が部長兼務だったため、日常的に放置状態。どうしたら良いかわからず、動けない日々が続いた（どうしたらいいのかわからない。上司に助けてもらいたい）
【入社5年目】
以前の事業部へ異動のチャンス到来。担当役員に直訴し、異動が実現。営業職が天職に思え、業績を上げることが最大の喜びだった（縮小から拡大戦略への方向転換に携われることが本当に嬉しかった）
【入社8~9年目】
管理職に昇進。初めてのマネジメントに戸惑うばかりで、組織業績の低迷が続く（マネジャーの存在意義がわからない。メンバーに対してどうすればいいのか）
【入社10～15年目】
マネジメントの型が整い、安定的に強い組織をつくれるようになった。好業績を上げつづけ、連続表彰（マネジメントが楽しくて仕方なかった）

しっかり確認し、「じゃあ将来のためにこの仕事をアサインするからやってみないか」、という対話をしてほしいのです。

これについては、いい方法があります。ライフチャートを書いて、どういうときに意欲が上がって、どういうときに意欲が下がるか、を確認するという方法です。意欲が上がったり下がったりする、その原因は何を大事にしているからなのか、どんな価値観があり、こだわりがあるからなのか、を言葉にするのです。そうすると、自分の特性にあらためて気づくことができます。メンバーとの対話で、キャリアについて有益な話になるのはそこからです。

自分にとって働くことの意味や価値観がわからないと、自分がこれからどうしたいかに気づけません。また、同様にメンバーにどうしたいのかと聞いてもピンとこないのは当然です。研修では、その考えに立って若手を先々どんなふうに育てたいか、当人の希望を聞きながら一人ひとりをどのように中長期的に育てていくか、ということを考えてもらいます。メンバー側はメンバー側で、やはりライフチャートを使って自分の価値観に気づいてもらい、それを踏まえて1on1の場でマネジャーとキャリアの話をすることを勧めます。

メンバーのWILLに関心を払わないマネジャーは、激変の時代を生き残れない

マネジャーを対象とする研修では、私はよく受講者にこう問いかけます。

「あなたが若い頃、上司のどういうところが嫌でしたか?」

しばらく振り返って考えてみて、みんなハッと気づきます。ダメ出しばかりで、言いたい

ことが言えなかった。上司の一方的な意見を押しつけられるばかりで、自分で工夫したり、努力したりする気が失《う》せてしまった……。

そこに気づくと、マネジャーの姿勢は変わります。メンバーのよいところを認め、期待をかけることで生じる効果について、あらためて考えるようになるからです。

同時に、メンバーについて知っていたつもりだったけれど、知らないことが多い、ということにも気がつきます。特に上意下達の文化が強い会社ほど、メンバーの仕事に対する価値観や実現したいこと、つまりWILL（やりたいこと）を把握していません。メンバーのWILL、CAN（できること）、MUST（やるべきこと）を言葉にしてもらい、共有することは、メンバー一人ひとりの内的キャリアを把握し、成長へと導いていくためにもきわめて重要です。それができなければ、いくらハッパをかけようが「1＋1＝2」以上の成果など出るはずがありません。

誰もが確信を持って正解を言えない変化の時代にあって、メンバーのWILLに関心を払って成長を促さないマネジャーは生き残れないでしょう。

部下の「才能と情熱」を解き放つ関わり方を目指そう

1on1の場で、どの仕事をやりたいとか、どのポジションに行きたい、などという話だけしても、あまり意味はありません。マネジャーに自由に異動させる権限はありませんから、言わせっぱなしで終わる可能性があります。そんなことをしていては、逆に信頼関係を損ねてしまうだけでしょう。

そうではなく、内的キャリアの話をしてもらい、どのような志向があるのかを理解することが重要です。そこがわかっていると、普段の会話の内容も変わるはずです。「あなたのこういうところってすごいと思う」とか「その仕事の仕方は本当に他でも通用するよ」など、本人のキャリア・イメージに沿った声がけをすることで、おそらく「わかってくれている」という信頼感が生まれますし、希望に近い異動のチャンスが生まれたときには、自らの意志で一歩踏み出すようになるかもしれません。

その一方で、マネジャー側は優秀なメンバーを囲い込んで手放したくない、と思いがちです。しかし、メンバーにはメンバーの将来ビジョンがあります。キャリアの話をすることは気が進まない、と感じるマネジャーの心中には、「寝た子を起こしたくない」という本音があるのではないかと思っています。

1on1導入の先駆者であるヤフーには、マネジャーの役割を示す「部下の才能と情熱を解き放つ」という言葉があります。優秀な部下を囲い込むのか、解き放つのか。この両者の違いはとてつもなく大きいと思います。どちらが当人の成長を支えるのか。ひいては、どちらが会社にプラスをもたらすのか。答えは自明なのではないでしょうか。

第 2 章

1on1を支える考え方と「対話のスキル」

――傾聴・質問・承認

1on1はマネジャーとメンバーとの対話です。
そこでは特別なテクニックなどなくても、
きちんと向き合って話を聴くことができさえすれば、
コミュニケーションは成り立ちます。
ですが、意識して身につけると、より部下であるメンバーの学びを
深めることができるスキルはあります。
ここではティーチング、コーチング（傾聴、質問、承認）、
フィードバックについて解説します。

0
1on1に必要な3つのスキルと、それを支える「スタンス」

この章では、効果的な1on1に求められるスキルについて説明していきます。その詳細に入る前に、スキル以上に強調しておきたいことがあります。それは、目の前の相手に向き合うスタンスです。

1on1導入のための研修でも、このことはしっかり伝えています。ただ「テクニックやスキルを学べばいい」という姿勢では、絶対に効果的な1on1にはならないからです。この後に説明する傾聴、質問などはもちろん重要です。適切なフィードバックについても、相手の思考を促し、言葉にしてもらうためのコーチングのスキルも言うまでもなく大事です。

しかし、極端に言うなら、そのようなスキルがまったくなくても、効果的な1on1は可能です。相手の話をじっと聴いて、時々相槌《あいづち》を打って先を促すだけで、驚くほどいろいろなことを話してくれる、ということがあり得るのです。それはスタンス、つまり相手と向き合う姿勢が相手を安心させ、お互いの間に信頼感が醸し出されるからです。まさに前章で述べ

効果的な1on1に求められるもの

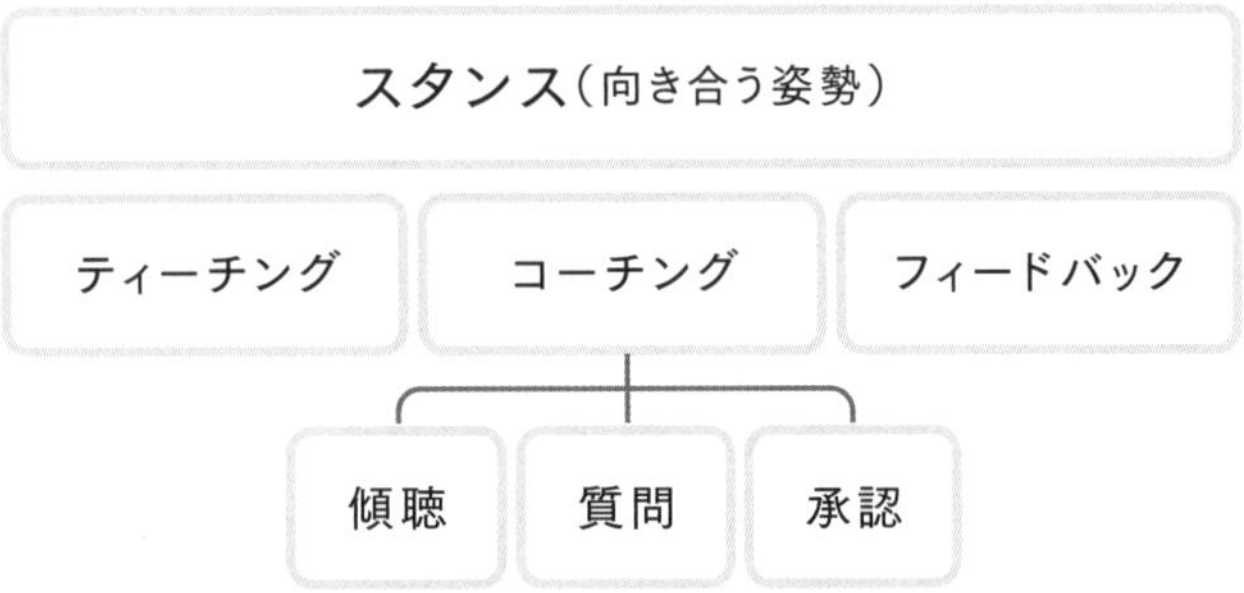

1on1を支えるスキルには、ティーチング、コーチング、フィードバックがあり、コーチングの効果を高めるためのコアスキルとして傾聴、質問、承認の3スキルがある。だが、最も重要なのは、スタンスがなければどのスキルもうまく働かないことだ

た心理的安全性が確保されている状態です。仮に、そのようなスタンスがない状態でスキルを駆使した問いかけをしたとしても、相手が進んで話すことはないでしょう。

■相手の可能性を信じ、安心・安全な場をつくる

では、適切なスタンスとはどのようなもので、いかにして実現するのでしょうか。１つは目の前の相手の可能性を信じること。もう１つは安心・安全な場をつくること。この２つのことができていなければ、スキルを駆使したとしても効果的な１ｏｎ１にはならないでしょう。

まず、「目の前の相手＝メンバーが、可能性のある人であり、その可能性を引き出すための支援をしよう」と考えることが大前提です。相

手をどのような人かと捉えることによって、対話における言動がすべて決まります。

たとえば、「この人はできない人だ」と思った瞬間に、「だから言ったでしょ」「何でやらないの」「いいから言う通りにやったら」という言葉が口をつきそうになりませんか？

逆に、相手が「自分で考えて動ける人」だと信じることができれば「何から始める？」「今の問題をどう捉えている？」「この先どんなふうに乗り越えていくつもりでいる？」などと本人に任せて、関わっていく姿勢になります。これは、コーチング的な関わり方といえます。

■スタンスが1on1の場と言動を決めてしまう

1on1を導入した企業で、「メンバーがなかなか話してくれないんだよね」という声をしばしば耳にします。当のマネジャーは、どうやら自分には話を聞くスキルが不足している、と感じているようなのです。よく聞いてみると、多くの場合スキルの前にスタンスや場づくりの問題が生じています。緊張感の高い場になっていたり、目的が曖昧な状態のまま進めてしまったりすることで、メンバーは何をどこまで話していいのか戸惑い、それで言葉が出ないということが多いように思えます。

不安なく、何でも自由に話していい。そう感じられる場の空気がない限りは、相手は口を開きません。つまり、場の空気を作るのがスタンスであり、スタンスが1on1においての言動を決める、ということなのです。目の前の相手の可能性を信じ、その可能性を引き出すための支援をしようというスタンスができれば、それは相手に伝わります。そのことが、とりもなおさず自由に話ができる安心・安全な場である、と感じさせることになります。

あるマネジャーは、一緒に働いていた派遣社員が立て続けに退社するという経験をしていました。初めは、「期待していたのに、何が不満なんだ」、と相手側の問題と考えていましたが、それが続いたことで考えが変わったといいます。これは相手の責任ではなく、こちら側に問題があるのではないかと考え、「声にならない声を聴く」ことに注意を払うことで多くのシグナルに気づくようになったそうです。

■リモート下での1on1の成否を分けるものとは

昨年来続く、新型コロナウイルス感染拡大の影響でリモートワークが急増し、職場のコミュニケーションに大きな変化が生じています。雑談やちょっとしたコミュニケーションの機会がなくなり、リモートによる1on1を取り入れる企業も増えています。

リモートによるコミュニケーションは、空間をともにしないことによる難しさがありますが、逆にリモートだからこそ可能なコミュニケーションの形もあります。第4章の企業事例では、リモートによる効果的なナレッジ共有のケースをご紹介するので、参考にしていただければと思います。

リモートに限定した手法で1つだけつけ加えますと、相手の同意が前提になりますが、「ビデオをオン」にして顔を見せて対話することを私は推奨しています。後で詳しく解説しますが、表情や仕草など、言葉以外の情報から、相手の思いや気持ちを感じ取ることができるからです。

さらにつけ加えれば、リモートであっても、対面での1on1を実りあるものにするためにはスタンスが大事、という一点は変わりません。ビデオをオンにすることの了解を得るというのも、言うまでもなくその一環ということになります。

この状況下だからこそ、定期的に顔を見ながら業務量やコンディションを確認することはマネジメントにおいて優先事項と言えます。

リモートで1on1を取り入れた、あるマネジャーのエピソードを紹介します。そのマネジャーは緊急事態宣言で完全リモートになった際、メンバーのコンディションを心配してオンラインでの1on1を始めたそうです。その結果、多くのメンバーがひとりで不安を抱えることなく、仕事に向かうことができたといいます。しかし、同じタイミングで業務量が急増し、オンラインでの1on1の時間さえもメンバーの負担につながる状況に陥ってしまいました。

ですがこのマネジャーは、現場の負荷が高まっているからこそ、1on1による支援が必要と考えたそうです。そして、コロナ禍の健康管理としてウォーキングが奨励されていたこともあり、メンバーのウォーキングの時間に合わせて自分もウォーキングをしながら、イヤホンをつけて携帯電話で対話をしたそうです。

緊急事態宣言下でのリモートワークという環境だからこそ、メンバーが「孤独にならない」「ひとりで抱え込まない」ということを優先的に考えたのでしょう。そして、これ以上時間的な負荷がかけられない状況だったからこそ、お互い習慣にしていたウォーキングの時間を利用して、1on1の時間を捻出するといった工夫が生まれてきたのだと思います。

マネジャーが目的を達成するために、メンバーの状況やさまざまな制約条件を前提に最適な方法を考えることが、マネジメントを進めていく中で最も重要なことなのです。

■その日の1on1における「ゴール設定」を考える

場づくりに加えて、その日の1on1における「ゴール設定」を考えておくことも有効です。厳密なプランである必要はありませんが、今日の1on1が終わったときに、どうなっていればいいかをイメージしておく、と考えればいいでしょう。これもまた、マネジャーが押しつけるようなことはあってはならず、本題に入る前に、2人で話しあって決めるのがいいでしょう。このことは心理的安全性を確保するという観点からも効果的ですし、話しあって決めたことを、そのまま1on1の導入とすることもできます。30分の1on1が終わったときに、「課題を言葉にして、次の一歩に向かうことができたらいい」などというのがゴールの一例です。場合によっては、「今日はいろいろモヤモヤしているので、吐き出せるだけ吐き出したいので聴いてもらえますか?」という日があってもいいでしょう。どういう時間にしたいのかを2人で合意しておくことで、1on1の時間がより有益になることが期待できます。

こうしてスタンスを身につけ、場づくりができて初めて、スキルの話へと進むことができます。スキルとして語るのは、「ティーチング」「コーチング」「フィードバック」の3つ。さらに、1on1で最も威力を発揮するコーチングを支えるスキルとしての「傾聴」「質問」「承認」です。

1 ティーチング
——相手が持っていない知識を教える

まず、ティーチング、コーチング、フィードバックという3つの大きなスキルから見ていきましょう。この3つを学んでいただくことで、1on1の幅はかなり広がります。それぞれの特性について、次の図にまとめました。1つずつ、順に解説していきます。

■状況に合わせ、スキルを使い分ける

1on1はメンバーのための時間であり、そこではマネジャーは聞き役に徹することが原則です。ただ、広く知られるようになったこの原則が、誤解を与えている可能性があるようです。研修を提供する中で、「1on1では自分の考えを言ってはいけない」というように、やや行きすぎた考えを持っている人に出会うこともあります。

上司であるマネジャーと部下であるメンバーとの対話ですから、話の流れによっては、教えること、つまりティーチングも必要になります。もちろん、相手の中にあるものを引き出

状況に合わせた主な3つの関わり

ティーチング	フィードバック	コーチング
こちらが持つ情報で、相手が知らない知識・スキル・経験などを教える	相手の成長を促すために、結果や周囲からの見え方などの現状に関する情報をタイムリーに伝える	問いかけを中心とした対話を通して、相手が自らアイデアや選択肢に気づき、自発的な行動を起こすことを促す

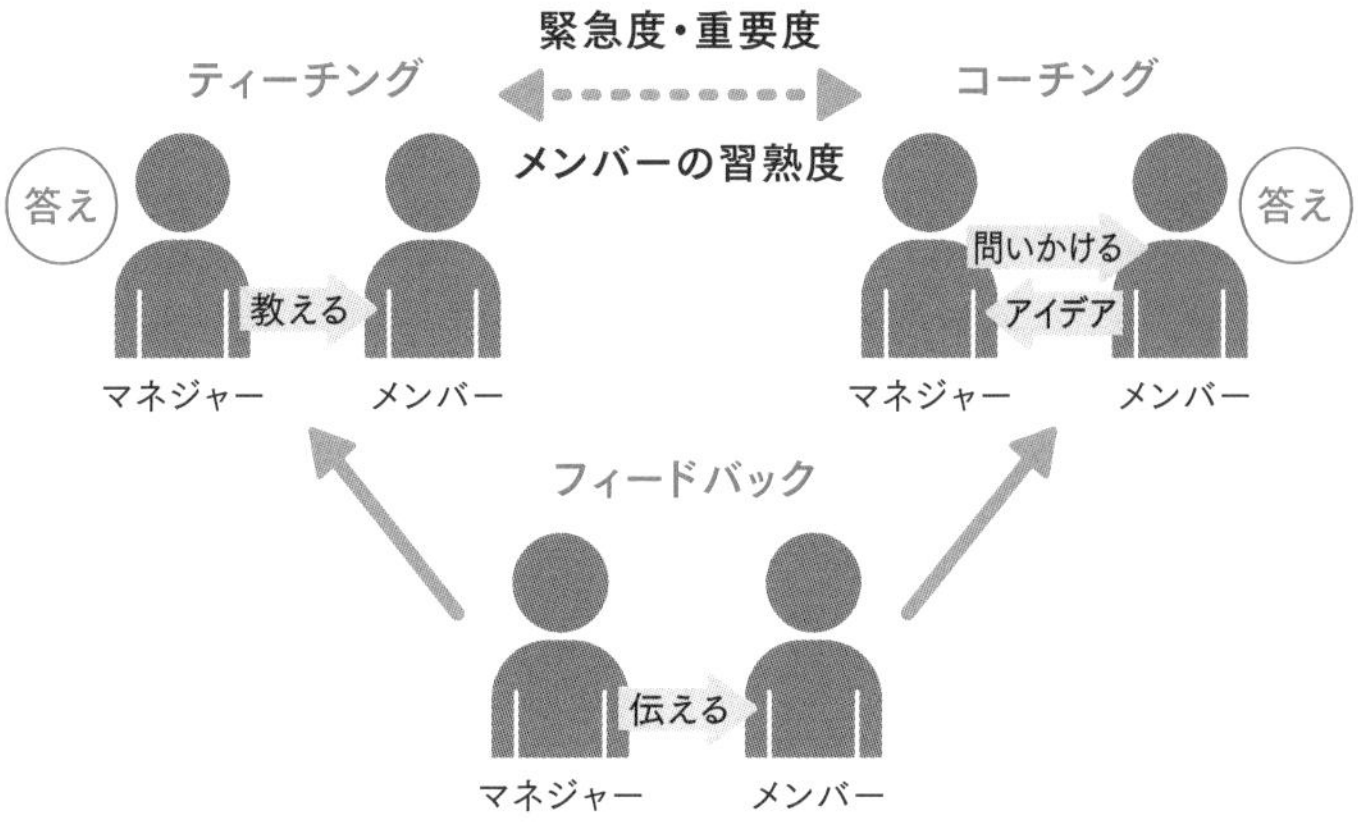

すコーチングは重要であり、1on1における対話では、コーチング的な関わりを中心にするのがメンバーのための時間にするベターな方法でしょう。

ただ、ともするとコーチングは万能で、それさえあればどうにでもなる、というふうに思われてしまう懸念があります。もちろん、相当に有益なものではありますが、万能ではありません。相手の中にあるものを引き出すことがコーチングのスキルですが、相手の中に何もなければ引き出せないからです。

たとえば、新入社員に仕事のやり方を教える前に、仕事の行動をコーチング的に引き出すのは無理があります。そういうときは、先にティーチングで仕事の進め方、手順はこうで、迷ったときには誰に聞けば仕事がうまく進むか、などということを教える必要があります。ただ、同じ新入社員でも「この会社に入って何を先々やっていきたいの？」とか「これからあなたのキャリアはどうしていきたいの？」というような「思い」については、コーチングで引き出すことは可能です。

世の中のマネジャーは、ティーチングについては自己流かもしれませんが、すでにツールとして持っているということになります。そのツールは個々人で磨く必要はあるとしても、そこにコーチングとフィードバックという新しい武器を2つ追加する、というのがポイントです。今までのティーチングを捨てる必要はありません。仕事のやり方がわからない人には教えなければなりませんから。状況によって、ティーチングにコーチングとフィードバックを組み合わせることで効果が出てくる、ということです。

2 コーチング
——メンバーが自力で答えを見出すためのサポート

ティーチングが「教える」ことであるのに対して、コーチングは「メンバーが自力で答えを見出すためのサポート」です。ですからマネジャーの働きかけとしては「引き出す」というのが正しい表現だと思います。メンバー側から見ると、自分の知らなかった知識を身につけるのではなく、自分の考えや思いに気づくということになります。

そのためにマネジャーが行うサポートの手段として、「傾聴」「質問」「承認」があります。順に詳しく説明しましょう。

2―1 傾聴
相手の話を最後まで聴いて受け止める

傾聴とは、相手の話をしっかり聴いて受け止めることです。これは1on1にとっては最も大事なスキルかもしれません。そのポイントは、**①相手の話を評価、判断、否定せずに、最後まで聴いて受け止めるということです**。

上司と部下の対話で起こりがちなのは、部下の言い分に同意できないというときに、「いやいや、そうじゃなくて」と話をさえぎってしまうこと。こうなると、部下は二度と上司と異なる意見は出さなくなります。「この上司は、自分と異なる意見を言うだけで、もう聴いてくれないんだな」という学習が働くからです。まず、一通り言い分を聴いて、しっかり受け止めます。これは、意識してそうしてみることをお勧めします。

②部下の言うことが明らかに間違っていることもあるでしょう。そんなときでも、部下の言い分を聴いて受け止めてから間違いを伝えることが重要です。冷静に「そんなふうに思っていたんだね」と、きちんと受け止めたうえで、「でも、これは〇〇という理由で違うと思うよ」とフィードバックします。

この、最後まで聴いて受け止める、ということが、上司にとっては案外難しいのです。問題は、部下の言い分に異論がある場合だけではありません。話を聴いていて、だんだん共感が高まってきた場合、「いや、それ去年自分も同じ経験をしたよ」などと自分の話にもっていってしまうことも、よくあります。さらには「そういうときはこうやればいいいんだよ」「俺はこうやってうまくやってきたよ」と経験を踏まえたティーチング・モードになってしまうと、部下はもう話しても聴いてもらえないので、「わかりました、わかりました」と「聴いたふり」になってしまいます。

しかし、上司が自分の話を持ち出すことが、必ずしも効果がないわけではありません。上司からの共感を得ていることが、部下にしっかり伝わってさえいれば、上司の体験談やアドバイスがプラスに働きます。

傾聴の際に最も注意したいのは部下の話を受け止めず、聞き手だったはずの上司がいつの間にか話し手にすり替わってしまうことです。1on1の主役は、部下であることを忘れてはいけません。

■話す量は2割までと心がける

1on1の原則は前にも述べた通り、それが「メンバーのための時間」であることです。さらに具体的な「やり方」を示すと、**③話す量は相手が8割で、自分は2割ぐらいにするのが1つの目安**となります。

「傾聴は、相手の話を黙って聴くことで、自分は絶対にしゃべってはいけない」と誤解されていることがあるようですが、さすがにそれは極端すぎます。

適切な相槌を打ちながら興味を持って聴くことが基本で、「それでどうなったの?」「え、それから？」というふうに反応していると、相手は「話しやすい」と感じます。

■**相手が話しやすくなる「返し」の技術**

相手が話しやすい反応には、次のようなものが挙げられます。

・相槌を打つ
・頷《うなず》く
・相手が話しているキーワードを繰り返す
・「こういうことですね？」と要約する
・言い換える

④**相槌、頷き、繰り返し、要約、言い換えの5つ**に加えて、「他には？」「それで？」という質問も、相手の思考を促すのに効果があります。また、「というと？」と相手の言葉を受けて質問すると、その理由や背景が話しやすくなります。⑤**「他には？」「それで？」「というと？」などといった端的な質問も、「真意」を引き出すのに非常に有効です**（第3章の対話例を見ていただければ、その威力はよくわかっていただけるでしょう）。

傾聴してもらうことには、不安が解消・軽減されたり、自分の考えが整理できたりという効用があります。これは、自分が聴いてもらう立場になってみると、はっきりわかります。

研修では、終了後に感想や意見を書いてもらいますが、ほとんどの場合、8割ぐらいの人からは「話を聴いてもらえてスッキリした」「気持ちよかった」「安心した」など、ポジティブな感想が出ます。話を聴いてもらうのは、そのぐらい心地よいことなのです。研修の場面では、話す体験と、聴く体験の両方を組み合わせますが、話をしたくてしょうがなかった人も、聴く立場でその効果を体感すると、ぐっと我慢して、その1日は聴くことを優先するようになります。

■言葉だけでなく相手の思いや気持ちも受け止める

ここで大事なのは、⑥**言葉だけではなく、相手の思いや気持ちも受け止めること**です。「いやあ、こんな思いでやっていたんだね。大変だったね」というように共感を示してもらうだけで、もっと話したい、という気持ちになる人が大半です。同時に、⑦**相手に対して興味関心と好奇心を向けている**という姿勢を示すことも欠かせません。

相手の話の背景にある思いや気持ちをしっかり受け止めるには、他にも⑧**話し方や声のトーン、話しているときの表情など、さまざまなサインを受け止める**必要があります。「今、なんだか表情がこわばってるよ」とか「今、肩に力が入ってるよね」などと相手の様子について鏡を見せるように伝えることをコーチング用語で「反映」といいますが、これによって「そうか、自分は感情的になっていて、それが出ているんだな」などと内省につながることがあります。このように、⑨**傾聴するためには「観察」もかなり重要です**。「聴」という文字は、耳と目と心が組み合わされてできていますが、まさに耳だけでは聴くことはできません。また、言葉にしていないのに受け止めてもらえたということは、相手にとって大きな安心感につながる、ということも付け加えておきたいと思います。

また、⑩**本当に話したいと思っていることを、本人がわかっていないということもあります**。こういうことを相談したいんです、とやってきても、よく聴いて紐解いてみると、「本当に話したいことはこっちでしたね」と気がつくケースもあります。きちんと傾聴していると、そういうことが起こるのです。

2–1のまとめ——傾聴で役立つ10のスキル

①評価・判断・否定せずに相手の話を最後まで聴く
②相手が間違っている場合でも、しっかり聴いて受け止める
③話す量は相手8割、自分2割と心がける
④話しやすい雰囲気をつくる5つの技「相槌を打つ、頷く、キーワードを繰り返す、要約する・言い換える」
⑤「他には?」「それで?」「というと?」で真意を引き出す
⑥表面的な話だけでなく、背景にある思いや気持ちを受け止める
⑦話し手に対して興味関心と好奇心を向ける
⑧相手の話し方や声のトーン、話しているときの表情など、さまざまなサインを相手に「反映」する
⑨相手の様子を徹底的に「観察」する
⑩相手も「本当に話したいことに気づいていない」ことがあると知る

2-2 質問
内面的な動機や価値観を掘り下げる

質問は仕事の場面に限らず、誰もが日常的に行うことですが、実はかなり奥深い行為です。

いい質問をするためのテクニックもありますが、①**何よりも大事なことは、相手に興味・関心を持つこと**。これが最大のポイントです。その意味では、本章冒頭で説明したスタンスが問われる、といえます。興味がない相手に、いろいろなことを聞こうとはしないはず。しかし、好意を持っている相手であれば、興味があるので、いろいろなことを聞きたいと思うでしょう。それと、まったく同じです。

■「わかっている」という思い込みが対話を台無しにする

1on1の最初の関門は、マネジャー側の「チームメンバーのことはだいたいわかっている」という思い込みです。同じチームで共通の目標に向かい、一定の時間を同じ場所で過ごしているのですから、そう思ってしまうのも無理はないのかもしれません。

ただ、実際はどうでしょう。何を大事にして働いているのかといった価値観から、プライベートなことまで、知っていると言い切れるでしょうか。きっと知らないことのほうが多いはずです。

こうした思い込みが厄介なのは、人はわかったつもりになると、「話を聴いたってしょうがないな」とメンバーのことをさらに知ろうとする努力を放棄してしまう点です。こうなってしまっては、１ｏｎ１の場で質問をあれこれしたとしても、すでにわかっている表面的な内容しか出てきません。そして、「わかっている」という思い込みはより強固になっていってしまいます。

しかし、実際に１ｏｎ１を始めてみると、「彼は、こんなことを考えていたのか」というような話が、必ず出てくるのです。「どうせ大したことは考えてないだろう」と思いつつ１ｏｎ１で対話してみると、「いやあ、うちの若手はいろいろ考えているんだよね」と驚いてしまう。こういうマネジャーを数多く見てきました。

象徴的なのが、「最近の若手は突然辞めたいと言い出すんだよな」「相談してくれればいいのに」などというマネジャーでしょう。多くの人は、会社を辞める決断を突然下すことはありません。かなり前からサインが出ていたはずです。ただ、マネジャーがそれに気づかなかっただけのことです。つまり、興味がないから声もかけない。普段から興味を持ってメンバーと接している人には、早いうちにメンバーから相談がくるはずです。そして、よく話を聞いてみると、第1章で紹介したように、「それ、うちの会社で今やっていることがつながっていくことだよね」とわかって転職せずにすむ、などということが起きるのです。

■メンバーの価値観をいかに「質問」で引き出せるか

もう1つ、質問で大事なことは、**②表面的なことよりも、内面的な動機とか価値観を掘り下げて話を聞く**ことです。

第1章「5　成長を促す」でも見た通り、1on1ではメンバーの将来的なキャリア・イメージを話してもらうことが大事な目的の1つですが、それは「○○という部署に行きたい」という外的キャリアよりも内的キャリア、すなわち「仕事についてどういうことを大事だと考えているか」というような価値観についてこそ話してもらいたいのです。ところが「個人的なことに踏み込んでいいのか？」という遠慮もあるのか、これを聞いているマネジャーは非常に少ないのが実情です。

仕事の進め方には、本人の価値観で決まるという一面もあります。同じチームのメンバーの価値観を知らずに仕事を推進していくことの危うさ、わかっていただけるのではないでしょうか。

■問題ではなく、問題を抱えている相手にフォーカスする

1on1の特徴の1つは、**③問題そのものではなく、問題を抱えている相手にフォーカスする**ということです。

メンバーがなんらかの問題を抱えて、マネジャーのところへ助けを求めてやってきます。マネジャーは多くの場合、その問題をテーマに現状や背景について質問し、解決の方向性を示したり具体的な解決策をアドバイスしたりすることになるでしょう。これは、メンバーの抱えていた問題を、マネジャーが自分で解決するための対話です。もちろんこの対話が悪いわけではなく、メンバーの成熟度や問題の難易度によっては必要なことです。

一方、1on1では問題にフォーカスするよりも、問題を抱えている相手にフォーカスすることを勧めています。

たとえば、「この問題を抱えて、今どんな気持ちでいるの？」「乗り越えたら何が手に入ると思う？」「○○さんは、これどうしていきたいと思っている？」というように問いかけをしていきます。すると、本人の意志が出てきます。「話をしていて思ったのですが、このようにしたいと思います」と30分前にはあいまいだったアクションプランを自分の言葉で話す

ようになります。

コーチングに対してよくある疑問に、「コーチングって相手に寄り添って受け止めて、相手が気持ちよくなるだけで甘やかしているんじゃないか？」というものがあります。これにはハッキリと、そうではない、と言っておきたいと思います。業務に関する問題解決型の対話の場合は、「それは、具体的にどうなっているんだ？」とマネジャーが掘り下げ型の質問をしていき、おそらく最後は「こうすればいいのではないか」と強い示唆、実質的には指示命令をする、となりがちです。それで首尾よく問題解決ができればいいのですが、できなかった場合はどうなるでしょうか。「やってみたけど失敗しちゃいました。言われた通りにやったんですよ」ということになります。これでは、メンバーの当事者意識は育ちません。

そうではなく、メンバーに考えさせて、自ら「このようにしたいと思います」と宣言したものは、圧倒的に「自分ごと化」することができるのです。

■相手の視点を変える3つの方法

質問の大事な役割として、④**視点を変えることで新たな気づきを得てもらう**、ということがあります。

みなさんは、こんな経験をしたことはありませんか？　目の前の問題が解決できず、何日も時間を空費している。途方に暮れている。ここで誰かが、何気ない会話の中で本質的な質問をしたり素朴な疑問を投げかけたりすることで、「ああその観点は抜けていたな」と気づく……。これは、相手の言葉によって、視点が変わって気づきを得たということに他なりません。それを偶発的なものではなく、意図的に行うのは決して簡単ではありませんが、**⑤視点を変えるための効果的な手法が3つあります。**

1・時間軸を変える

「今」のことだけを考えると非常に難しい問題があったとしましょう。そんなときは、「このプロジェクトの3年後のゴールって何だっけ？」と問いかけて、意識を先に向けさせます。「ゴールは、こういうことを実現することだよね。そのとき、会社はこういうことを目標にしている。じゃあ、そこから見たときに今の問題ってどんなふうに見える？」

このように質問すると、「ああ、これは小さいことかもしれない」と気づくことがあります。

このように、時間軸を変えることによって目の前の問題の捉え方が変わってくる、というのは、非常に有効です。

2・立場を変える

メンバーと課題について対話していると、「これはお客さんのせいなんですよ」「○○社の担当者が悪いんです」。このように、問題を他責にすることも、よくあると思います。当人にしてみれば、意識的かはさておき自分の責任を免れたいということもあるでしょう。

そんな視野が狭くなっている状態のメンバーに、「相手の○○さんの立場に立って考えてみたら?」と問いかけると、違う思考が頭の中に生まれます。そして「ああ確かにこの点は私に問題がありました」と気づくことがあります。これも視点が変わったことの表れです。

3・制約条件を取り払う

ビジネスは、種々の制約の中で進むものです。納期、予算、人員など、どれも潤沢な状態で行われるとは限りません。メンバーの問題も、多くの場合、そこを淵源《えんげん》に発生します。

「いや、これとこれが制約条件だからできません」というメンバーの言い分に対して、「じゃあそれがなくて、何でもできるとしたらどうする?」と問いかけるのは、かなりパワフルな効果があります。

言うまでもありませんが、制約条件そのものが変わるわけではありません。変わるのは、メンバーの発想です。「それだったら、こういうふうにやります」というように、視点が変わることによって、発想が枠を越えるのです。

もちろん、このような視点の変化によって、必ず事態が好転するとは限りません。しかし、スタックした状態を放置していたところで、一歩も前に進むことはできないでしょう。質問によって、視点を動かす。フォーカスが変わるということが、非常に大事なところです。目の前の現実は何一つ変わりません。しかし、**⑥質問によって問題の見え方が変わり、捉え方が変わることによって、行動の選択肢が変わるのです**。これこそ、行動変容が起きるメカニズムです。逆にいうなら、ものの見え方が変わらなければ、適切な解決策を指示されても当人にとって本質的な理解にはつながらない、ということでもあります。

■メンバーに「言葉を出してもらう」ための2つのポイント

繰り返しになりますが、1on1はメンバー、部下のための時間です。そのためには、メンバーから悩みや課題、考えを引き出す必要があります。その際にも質問は有効なのですが、ポイントは、マネジャーが求める「考え」や「答え」をメンバーから引き出すことではなく、メンバーが自分の意志に基づき、納得して出した「考え」や「答え」を自分の言葉で語ってもらうことです。そのためには、相槌を打ったり、同意したりというリアクションに加えて、質問の仕方が重要となります。

⑦質問されて、それに答えようと考えを巡らせて、言語化することによって自分の考えがより明確になる。これはコーチング用語で「オートクライン効果」と呼ばれていますが、質問されて言葉にすると、不明瞭だったものがはっきりする、ということを指しています。「言葉にする」ということは、それほど大事なことなのです。

質問のスキルを、より有効に活用するために注意すべきポイントをいくつかご紹介しましょう。

まず、**⑧質問の仕方が相手の答えを規定する**、ということは注意すべき最初のポイントです。わかりやすく言えば、自分がこういう答えが欲しい、と思えば、質問は誘導的になっていく可能性があり、そうなると相手は敏感に察知するものです。結果、自分が言いたいことではなく、質問した人が求める答えを言葉にしてしまうということが起こり得ます。それはとりもなおさず、1on1がメンバーのための時間ではなくなる、ということを意味します。

ここで1on1導入企業の、あるマネジャーが話してくれたエピソードを紹介します。「自分は上司との1on1の際、今日は何を話したら喜んでもらえるかなと考えながら話してしまうことがあります。メンバーとの1on1のときも同様に、あの話をしてくれたらよいのにと考えている自分がいます」

これは、特別なマネジャーの話ではなく、ごく一般的なマネジャーの本音だと思います。

また、**⑨質問には「相手のための質問と、自分のための質問がある」ということを知っておくのもポイントです。**

1on1の場でいうと、聞き手側のマネジャーが、自分が知りたい、把握したいから聞く、というのが「自分のための質問」といえます。そうした質問ばかり繰り返していると、メンバーが自分の考えたことを話す、という場ではなくなっていきます。

一方の「相手のための質問」は、メンバーがマネジャーの質問に答えることによって、頭が整理できたり、行動に一歩踏み出せたりする、相手の行動が変わるためのものです。

「これどうなっているんだ?」というのは自分のための質問で、これを繰り出している限り、行動が変わることは期待できません。ですからこの場合は「これどうしたいの?」という質問が1on1の場にはふさわしいということです。

相手のための質問ができていると、メンバーは言葉にして、「ああ、本当のところ自分はこう思っていたんだな。じゃあ、こうやってみようか」と考えが変わり、新たな行動に結びついていくのです。

■過去のネガティブな出来事を「なぜ?」で聞くのは絶対にNG

少し観点を変えて、「なぜ?」の対象をどこに置くか、というのも大事です。

これもありがちな問いかけだと思いますが、「なぜこんなトラブルが起きたの?」というような聞き方は、相手の行動を変えにくいものです。⑩**過去のネガティブな事象に「なぜ?」という質問をすると、相手は萎縮して、本当にその場に必要な情報が引き出せないことがあります。**責められている気がするので、「すいません、今対応していますから」と答えて対応はするものの、新たな行動には結びつきにくい。

そうではなく、「どのようなプロセスがトラブルにつながったのか教えて?」と聞けば、相手は話しやすくなります。先に挙げた「相手の答えを規定する」ということにつながりますが、リカバリー策を打ちたいのであれば、考えが前に進む質問をする必要があります。

それを考えるうえで示唆的な言葉があります。2020年11月に刊行された『1on1ミーティング』でプロサッカーコーチの上野山信行さんが語っていた、「〝なぜ〟は未来のことに対して使え」という言葉がそれで、この言葉はことの本質を示していると思います。

過去のネガティブな事象に対する「なぜ?」は詰問になります。そうすると反応は「ごめんなさい」という一言で終わります。そうではなく、未来に向けて「なぜ?」と言うと相手は考えを巡らしはじめ「こうしよう」「こうしたい」と次の行動に向けての言葉を発することになります。過去に対して「なぜ?」と問わない。1on1でメンバーに、考えを深めて、新しい行動を促すための質問のスキルとして、ぜひ知っておいていただきたいと思います。

たとえば、子育てでも似たようなことがあります。小さな子どもに何かものを運んできてもらうときに、「落とさないようにね」と言うと落としてしまう確率が上がるそうです。そうではなく、「上手に運んできてね」と言うと、落とさずに運べる確率が上がるということが検証されています。ネガティブな言葉は、この場合であれば落とすことを想像させてしまいます。「なぜできなかったの?」ではなくて、「どうしたらできるようになると思う?」という聞き方をすることが大事なところです。

コーチングでは、つねにポジティブなストローク(人が相手に対して与える認識や反応)で質問することを大事にしています。

■メンバー自身の認識を確認しない質問は、トラブルのもと

質問のスキルの最後は、メンバー自身の認識を確認する、ということです。1on1についてではなく、日常の指示命令の場面を例示しますが、「明後日までにこれをまとめてレポートにしてほしい。こんな形で、こんな体裁でやってくれる?」ということがあったとし

ましょう。指示を伝えて、「わかった?」と聞くことがあると思います。マネジャーから「わかった?」と聞かれれば、ほとんどのメンバーは「わかりました」と答えるでしょう。そして数日後に起こることは「依頼した内容と違っているけど、どうなってるの?」。命じたものと違うアウトプットが出てくる原因の1つは、これです。

マネジャー側は「わかってなければ、あのときにちゃんと聞いてよ!」と言いたいところでしょう。しかし、これはマネジャーの対応がよくない例といえます。⑪**「わかった?」という問いかけはNG**なのです。

「わかった?」ではなく、この場合は「わかりにくいことや、心配なことがあったら言っておいて」と言うべきでした。そうすれば、おそらくメンバーから疑問が発せられたでしょう。

1on1において、⑫**メンバー自身の認識を確認すること**は大事なポイントです。つまり、質問さえしていればいい、ということではないのです。

2-2のまとめ――質問で役立つ12のスキル

①相手に興味関心を持ち、好奇心を向ける
②表面的なことよりも、内面にある動機や価値観まで掘り下げる
③問題に焦点を当てず、問題を抱えている相手に焦点を当てる
④質問は相手の視点を変えることで、新たな気づきをもたらす
⑤視点を変えるための3つの方法「時間軸、立場、制約条件」
⑥質問で焦点を変えることで、行動の選択肢を変える
⑦質問の答えを言語化させることで、相手の考えをクリアにする
⑧質問の仕方が、相手の答えを規定する
⑨質問には「相手のための質問と、自分のための質問がある」ということを知る
⑩過去のネガティブな出来事に「なぜ?」という質問は「詰問」になるので使わない
⑪指示・命令をするときに「わかった?」は厳禁
⑫メンバー自身の認識を確認するクセをつける

2-3 承認

相手の存在を認めて、そのことを伝える

承認は、1on1の場に限らず、マネジャーとメンバーとの関係においてきわめて重要です。心理的安全性を確保するうえで必要な要素の中でも、最も基礎部分に当たるところです。「認知」と呼ばれることもありますが、ここでは「承認」で統一します。

わかりやすく説明すれば、「①**相手の存在、人となりを認めて、そのことを伝える**」ということ。会社での評価は、業務に対して起こした行動と、その結果に対してなされるものですが、コーチングでいう承認は、人となりとか、あり方を見て、相手に伝えることです。

たとえば、「いつもチーム全体を考えながら、動いてくれているよね」とか「本当に粘り強くやってくれているよね」というように、その人本人を認めることになります。

認められて嬉しい、というのは誰にでも当てはまる感情です。その中でも、とりわけ、自分が一番大事にしていることを認めてもらえて嬉しい、という反応は、研修でのワークを経験するとほとんどの方から聞かれることです。これはもちろん②**自己肯定感を高めることにつながり、意欲を喚起することにもつながります。**

■認めるのは業績ではなく「価値観」や「姿勢」

メンバーが上げた業績や、そのためにとった行動ではなく、人となりそのものを認めることがポイントです。

もちろん業績を認められるのも嬉しいものですが、それよりも「本当に責任感が強いんですね」とか「使命感がすごく強い人なんですね」など、その人が大事にしている価値観や姿勢を認められることが嬉しいのです。③**相手が大事にしている価値観や姿勢に承認の言葉をかける**ことで、新たな一歩を踏み出すための自信と勇気を手にすることができるはずです。

■「アイ・メッセージ」で関係性を超えた承認を

メンバーに対する承認は、「私は○○さんのことを、粘り強い人だと思っています」という私を主語にした④**アイ・メッセージで伝える**ことが望ましいと思います。もう1つ「あなたは粘り強い人ですね」という、あなたを主語にしたユー・メッセージもありますが、受け手側からすると、上司・部下という上下の関係を感じやすい側面があります。加えて「あなたは」という言葉には、いろんな人と比べているという相対評価が見え隠れします。それよりも、絶対の基準である私を基準に、「私はこう見てますよ」というほうがしっかりと届くのです。

承認は「褒める」とどう違うのか、という質問をもらうことがありますが、「相手の存在そのものを認める」というところに力点を置いているのが承認です。⑤**業績のようなその人の外側にあるものを評価して褒めるより、その人そのものを認める、**というほうがはるかに効果的なのです。

2－3のまとめ――承認で役立つ5つのスキル

①相手の「人となり」を肯定的に認め、そのことを伝える
②相手の存在を認めることで自己肯定感を高める
③相手が大事にしている価値観や姿勢に承認の言葉をかける
④承認するときは私を主語にした「アイ・メッセージ」で伝える
⑤「褒める」のではなく、相手の存在そのものを「認める」

3 フィードバック
——信頼関係を前提として「相手がどう見えているか」を伝える

フィードバックは、相手が周囲からどう見えているかを「伝える」ことです。①**今あなたの状態はどうか、周りからどう見えているか、を伝えることで、相手のさらなる成長を促すことが目的です。**

フィードバックにはコーチング的な要素が必要となるため、研修プログラムとしてはコーチングを一通り学んでから、フィードバックのトレーニングを行ないます。これは、コーチングを十分に理解して、信頼関係をつくることを前提にしないとフィードバックはうまくいかないからです。

特に難しいのは、相手にとって厳しいことを伝えるフィードバックです。もちろん、それを乗り越えてさらに成長してもらう、という意図があって伝えるのですが、聞くほうにとっては耳が痛いことです。もちろん、言うほうも言いづらいもの。だから、信頼関係が前提にあり、なおかつ安心できる場でないと難しいのです。

■フィードバックをしやすくするフレームワークとは

②フィードバックについては、SBIというフレームワークで整理するのが一般的です。

SBIとは、シチュエーション（Situation）とビヘイビア（Behavior）とインパクト（Impact）を指します（Sloan R Weitzel, *Feedback That Works: How to Build and Deliver Your Message*（Center for Creative Leadership, 2000））。

このSBIを活用することで、ポジティブなフィードバックもネガティブなフィードバックも端的に伝えることが可能となります。まず、メンバーにはフィードバックしたい事象をSBIに従い、以下のように整理して伝えます。（S）どのような状況（シチュエーション）で、（B）どのような言動（ビヘイビア）が、（I）どのような影響（インパクト）を周囲に与えているか。

ここからは、より難しいネガティブなフィードバックについて解説していきます。たとえば、担当のプロジェクトが思ったように進んでいないケースで、プロジェクトリーダーに改善を促すためのフィードバックをする場合について考えてみましょう。

【ケース】

初めてのプロジェクトリーダーを任されたAさんですが、プロジェクトメンバーのBさんと意見が合わず、プロジェクトが頓挫しています。マネジャーとして、この状態を立て直すためのフィードバックについて考えてみましょう。

【フィードバック例】

（S）毎回のプロジェクト会議の中でBさんとの議論の際、（B）Bさんの一方的な意見を受け止めるだけで、問題の解決に向けた議論ができていないようですね。（I）プロジェクトメンバーの多くは、Aさんに対してプロジェクトリーダーとして、もっとリーダーシップを発揮してほしいと思っています。そして、このままだと、プロジェクトが失敗に終わってしまうのではないかと心配しています。

このように、SBIを活用して、事実を鏡のように伝えることがポイントです。そのためには、フィードバック前に事実（情報）を収集することが重要です。

ちなみに、第3章の対話の型で詳しく紹介しますが、このような耳の痛いフィードバックをする手前で、ワンクッション入れると効果的です。「いつも私の手の回らないところでいろいろ支えてくれて感謝してるよ」とか「本当に助かっています」というように、全否定するのではなく、いいところは認めているということを伝えます。フィードバックはその後です。「Aさんには、早くマネジャーになってほしいと思っているから、あえて今日は伝えたいことがあるんだけどいいかな」などと言ったうえで、進めていきます。すると、相手も自分のことを認めてくれているし、そのうえ将来のことも考えて気遣って伝えてくれていると感じ、「そうですよね」と素直に話を聞くことができるのです。

そうしたネガティブフィードバックをする際は、**③マネジャーである自分の見解と、相手の認識を確認する**ことが大事です。「私は、○○のように感じている」とマネジャー側が「見解」を示し、「そのことについて、どう思うか」、メンバー側の「認識」を問います。

この2点をすり合わせないままでは、1on1の場がマネジャー側からの一方的なフィードバックの場になってしまいます。そうしたコミュニケーションを続けていると、メンバー側は「自分はこう思っているけど、マネジャーは聞いてくれない」と不満を溜《た》めるだけの場とみなすようになってしまいます。あらためて、**④1on1は一方的なフィードバックの場ではない**、ということを心得ておきましょう。

■必ず「期待」→「要望」の順で伝える

フィードバックの目的はダメ出しして相手を落ち込ませることではなく、大事な自分のチームメンバーに、立て直してもう1回やる気になってもらうことです。つまり、フィードバックの場というのは、実際はポジティブな場なんだという印象を与える必要があります。

よくないことを伝えるフィードバックであっても、ダメな側面が100%ではありません。そこで、うまくやっていることや、役に立っていることもきちんと承認することが大事です。そのうえで、「あなたには先々マネジメントを任せていきたいと思っているからこそ、今日はあえて気になっていることを伝えたいと思っているんだけど、いいかな？」と切り出せば、相手は、自分のことをよく見ていてくれている、と感じるでしょう。

こんなふうに、⑤**フィードバックする際は、期待→要望の順に伝えます**。自分に期待をしてくれているからこそ、あえて苦言を言ってくれているんだな、という雰囲気をつくります。そして、SBIをストレートに、ただし頭ごなしに言うのではなく「そういうふうに見えているんだけど、自分はどう思っている？」と見解の説明と認識の質問をセットで相手に伝えて③、話を聞きます。相手の話が終わったところで、「どうする？　なんとか乗り越えるなら手伝うよ」。こういうフィードバックができれば、理想的です。

■おろそかにされがちな「シナリオづくり」と練習こそが重要

ただ、そうはいっても、ネガティブなフィードバックをするための1on1は気が進まない場です。できれば早く終えたいとマネジャーも思うものです。ですが、そんなマネジャー側の気持ちが、失敗を招くケースを何度も見てきました。なんとかなるだろう、と準備もせずに話して失敗して、決裂して終わることも少なくありません。

内容的に重いフィードバックになればなるほど、しっかり準備をすることが必要です。メンバーの特性によっては、フィードバックされただけで逆ギレしたり、落ち込んだりなど、さまざまなタイプの人がいます。事実を確認し、何をどのような順番で伝えるかという⑥**フィードバック・シナリオをつくるなどして、口に出して練習する**、ということがいい結果につながります。

研修でも、フィードバック・シナリオをつくって練習してもらいますが、上手くフィードバックができず課題が残る受講者もいます。しかし、その失敗が実際の場面で役に立つのです。実際に言葉にして伝えてみることで、初めてメンバーに届くフィードバックなのか実感できるのです。多くのマネジャーが、練習でうまくいかなかった経験があったことで、本番をうまく乗り切ることができたと言っています。

3のまとめ―フィードバックに効く6つのスキル

①周囲からどう見えているかを伝えて、本人の成長の機会につなげる
②どのような状況（Situation）で、相手の言動（Behavior）がどのような影響（Impact）をもたらしたのか、SBIフレームワークで伝える
③マネジャーである自分の「見解」と、相手の「認識」の2点を確認する
④一方的なフィードバックでは成長の機会につながらない
⑤フィードバックする際は、期待→要望の順に伝える
⑥ネガティブフィードバックをする際は、必ずフィードバック・シナリオをつくって練習する

1on1を通じてマネジャーは自分自身とも向き合わざるを得ない

「自分が一番成長したという実感があったとき、あなたの上司はどう関わってくれましたか？」

私は、これまで多くのマネジャーにそう問いかけてきました。

すると、そこで出てくる答えはおおむね共通していました。それは、「自分のことを信頼して、仕事を任せてくれて、ちゃんと見守ってくれた」。中には「責任は自分が持つから、チャレンジしてみたら」と言われたという人もいました。

さらに多いのが、「その仕事が終わったとき、しっかり認めてくれた」というパターン。承認されることは嬉しいことですし、それがモチベーションの向上に間違いなくつながります。そして、そのことは、いつまでも覚えているものなのです。

■変化の激しい時代だからこそ、「型」を

ネガティブなフィードバックは、何を言われているかよりも、誰から言われているかのほ

うが、影響が大きいのです。つまり、普段から信頼関係があれば、まどろっこしいことをせずとも、「ダメだよ、このあいだのあれ」だけで終わります。

しかし、今の時代は、どんどんメンバーも入れ替わるので、全員とつねにリアルタイムで信頼関係をつくることが困難です。しかも、コロナ禍で物理的に顔を合わせることも難しくなってしまいました。

だからこそ、一通りのセオリーは学んでみることをお勧めします。「型」を身につけてそれを守って、対話の場数を踏んでいって、その中で型を破った自分流が生まれてくるはずです。

■上司が部下を見るとき、部下もまた上司を見ている

対話は一方的に進むものではなく相互関係であることから、上司であるあなたにも変化を促します。

今まで上司と部下とがお互いに無関心だった関係が、1on1によって、関心を持たざるを得ない関係になってきます。そうなると、上司も部下のことをよく見るけれど、部下も上司をよく見るようになります。ですから部下の成長に責任を持つ上司の側も、きちんと向き合って自分の成長を見せていかないと、やっぱり部下はついてこない、ということになりかねません。

そのように考えると1on1は部下のための時間であることは間違いありませんが、その部下とちゃんと向き合っている上司は、とりもなおさず自分とも向き合わざるを得ない、ということになります。部下にチャレンジしろと言っておきながら、上司が何にもチャレンジせずにコンフォートゾーンでぬくぬく過ごしていたら、どうなるでしょう。部下から見ると、当然「自分たちにばっかりやらせて、あの上司は何なんだ?」となります。

私自身もクライアントの背中を押したり、本質的なことを大事にするように言ったりしますが、その言葉はそのまま「自分はやっているのか?」と自分自身に向かうことになります。これはけっこう辛《つら》いものがありますが、上司がチャレンジする姿を見せていれば、その姿を見て部下は「やっぱり、この人についていこう」となるものです。

＊　＊　＊

ここまで、1on1を実りあるものにするために知っていただきたいスキルについて述べてきました。次章では、こうしたスキルを応用した「型」を使ってメンバーのやる気を引き出し、成長をサポートするための1on1の実践法について、対話例を交えながら詳しく解説していくことにします。

第 3 章

1on1をうまく進めるための「対話の型」

本章では、第1章で説明した「信頼を構築する」「視線を合わせる」「問題解決を行う」「学びを深める」「成長を促す」という5つのポイントを織り込んだ対話例を見ていきます。

第2章で取り上げた考え方と、対話のスタンス、スキルを上司がどのように活かしているかも併せて確認してください。

その言葉がどのように部下に作用し、いかなる気づきを与えているか。

本書における実践編です。

ここからは、具体的な対話例を見ていくことにしましょう。展開されるのは架空の設定ですが、他社から転職し、間もなく異動してくる予定の部下と上司の１ｏｎ１をスクリプトとしてまとめています。１ｏｎ１を初めて経験する部下が業務を通して職場に馴染んでいき、プロジェクトを経験し、そのことを振り返るまでの半年ほどの期間に行われた１ｏｎ１のシーンを描いています。１ｏｎ１での対話内容は、時間の経過を追いながら、その時々のテーマでなされるものとなっています。

５つのポイントごとに分かれていますが、それぞれ「状況説明」「対話のスクリプト」「対話の解説」「ありがちな失敗例」で構成しています。

「対話の解説」では、１ｏｎ１で使えるポイントを「型」として提示しました。ぜひ、部下との対話において積極的に活用してみてください。

1 組織内の心理的安全性を高める

——メンバーとの信頼を構築するための1on1

【状況説明】

4月からの新年度スタートに向け、内示が発令された後の3月下旬。異動先の上司と部下Aさんとが初めて行う1on1での対話です。信頼を構築するベースをつくるためのコミュニケーションということになります。

【対話のスクリプト】

上　司「Aさん、4月からよろしくお願いします。今日は、異動前の1on1ということで時間をもらいました」

部下A「こちらこそ、よろしくお願いします。前職では1on1の機会がなかったので、私にとっては貴重な時間です」

上　司「それはよかった。この会社では毎月1回、1on1の時間をセットしています。❶

目的は一人ひとりの主体性を引き出して組織で大きな成果を上げていくことですが、私のグループでは、まずはお互いに信頼して率直に話ができる、安心して働ける職場にしたいと考えています」

部下A「それを聴いて、安心しました」

上司「ところで、昨年の10月に❷中途で入社してから半年経ちましたが、組織や仕事には慣れましたか？」

部下A「少しずつですが、なんとかキャッチアップしている状態です」

上司「何か困っていることがあれば、遠慮せず相談してくださいね」

部下A「ありがとうございます。実は、前職では仕事の分担や責任の所在が明確だったのですが、この会社は曖昧なことが多くて、どう進めていいのかわからなくなることがあります」

上司「Aさんは、❸どのような状態になっていれば、仕事が進めやすくなりますか？」

部下A「そうですね。たとえば自分の担当範囲や責任の範囲、スケジュールなどを上司やプロジェクトリーダーから明確に要望してもらえるほうがやりやすいと思いますね」

上司「前の会社では、明確なタスクが下りてきていたようですね」

部下A「はい。タスクと納期、責任者が決められてリスト化され、組織内で共有されるので、一人ひとりの様子まで把握できていました」

上　司「Aさんは、❹**以前のやり方のほうが仕事を進めやすかったようですが、それは何がよかったのですか？**」

部下A「今、話しながら思い出してきたのですが、自分のやるべきことが明確で、そのことを職場のメンバーも認識していることで安心できるということかと思います」

上　司「Aさんは、❺**自分のやるべきことが明確で、周囲にも理解されている状態だと安心できるのですね。それは、Aさんの仕事に対する責任感の強さと、周囲の期待に応えたいという思いからきているのかもしれませんね**」

部下A「今、課長にそう言われて、自分でも気がつきました。確かに、責任感が強いだけでなく、周囲の期待に応えたいという思いが強いのかもしれません」

上　司「そうですね、そこがAさんの❻**強みかもしれないですね**。もし、**その強みを活かしてこの組織で周囲の期待に応えるには、どうすればいいと思いますか？**」

部下A「そうですね、どうしたらいいですかね。今、思ったのですが、この組織は誰かから明確に要望されることなく、なんとなく、できる人や意志のある人に仕事が振られているように思えます」

上　司「そうですね。この会社では、やろうと思う人に、やりたいことをできるだけ任せるようにしていますね。それは、Aさんにとっては、仕事がやりにくい環境でしょうか？」

部下A「いえ、今まで自分はこれでいいのか、これで周囲の期待に応えられているのかとモヤモヤしていましたが、少しわかってきたような気がします。今まで仕事は渡されるものだという前提で考えていましたが、ここでは自分から取りに行くことで期待に応えられるのだと思えてきました」

上司「Aさん、❼**とても大切なことに気づいたようですね。Aさんが言うように、ここでは〝自分から仕事を取りに行く〟ことが最も強く求められています**」

部下A「わかりました。みなさんの期待に応えられるよう、積極的に自分から仕事を取りに行くようにします。あらためて、4月からよろしくお願いいたします」

対話の解説　メンバーとの信頼を構築するための対話の型7

❶何を話す場なのかを宣言する

Aさんにとって新しい職場での初めての1on1ですから、「1on1とは何か」をしっっかり伝える必要があります。このとき、「相手はわかっているはず」という思い込みは危険です。出発点が一致していなければ、いくら対話を重ねてもズレは解消されないかもしれません。そしてここでは、まずお互いのことをしっかり理解したほうがいい、ということを強調しています。これは上司の考えを自分の言葉で述べているもので、決して会社方針の「伝達」になってはいません。前からいるメンバーに対しても、「私はこうしたい」と、要所要所で方針について言葉にするといいでしょう。

❷具体的なエピソードをもとに現状を確認し、「見ている」と気づかせる

「あなたのことを気にしているよ」とか「今どうなの?」と、きちんと伝えることはとても重要です。

誰にでも「周囲から認められたい」という承認欲求があります。その土台ともいえるのが相手の存在そのものを承認することです。つまり、あなたがそこにいることを「私は見ていますよ」「私は気にしてますよ」と伝えることが相手の存在そのものを承認していることになります。

実際に、「**慣れましたか?**」の一言から、Aさんがいろいろなことを話しはじめることになりました。

❸答えをすぐに提供せずに、問いかけで相手に解決策を考えさせる

前職との仕事の進め方の違いに戸惑っているAさんに対して、答えを与えるのではなく、「どのような状態になっていれば、仕事が進めやすくなりますか？」と問いかけをすることによってAさん自身で解決策を考えるように促しています。これはコーチング的な関わり方であり、相手に言葉にして表出してもらうということが大事なポイントです。それによって、前の会社の仕事の進め方や雰囲気の違いもわかり、どうやらその違いによってAさんがストレスを抱えているようだ、ということも理解できました。

❹相手が肯定的／否定的に感じる「基準」を深掘りする

前職での仕事の進め方を肯定的に捉えているAさんに、上司はその理由を質問することで、肯定的に捉える際の基準を明らかにしようとしています。つまりそれは、本人が仕事を進めるうえで大事にしている価値観の確認です。そこを理解することなく、Aさんがこの会社のやり方に習熟していくための適切なサポートはできません。

❺相手の価値観を言語化し、前提条件を共有する

❹の問いかけも踏まえて、相手の価値観を言語化し、さらにそれを強みや思いに置き換え

て尋ねています。相手が大事に考えている価値観を言葉にして理解することは、的確なマネジメントのための基礎情報になります。なぜなら価値観は、判断や行動の基準に大きな影響を与えるからです。

❻相手のよいところをどう活かせばいいか、投げかける

Aさんの価値観を肯定し、「その強みを活かしてこの組織で周囲の期待に応えるには?」という質問によって、Aさんの思考が回りはじめます。これにより、Aさんは自ら仕事を取りに行くことの必要性に気づくことができました。

❼気づきを肯定する

上司はAさんの気づきを称賛し、Aさんが自ら仕事を取りに動き出すことに対して期待を伝えています。❻もそうですが、1on1の対話によって、本人が自分で気がつくよう促していくことが大事なポイントです。

＊　＊　＊

この1on1のポイントは、「わが社流」を押しつけるのではなく、前の会社との違いを確認したうえで、この会社の仕事の進め方、社員が共有している価値観についてAさんが自分で気づくことにあります。

これに対して、よく見られる「思考を促さない」対話の例を挙げます。

【1on1ありがちな失敗例――思考を促さない対話】

上　司「何か困っていることがあれば、遠慮せず相談していいですよ」

部下A「ありがとうございます。実は、前職では仕事の分担や責任の所在が明確だったのですが、この会社は曖昧なことが多くて、どう進めていいのかわからなくなることがあります」

上　司「**仕事は自分で取りに行かないとだめですよね。受け身の姿勢だから、曖昧な状態になってしまうのだと思います**」

部下A「はあ……」

上　司「とにかく期待をしているので、**4月からはそのようなことがないようにお願いしますね**」

相手の不安を受け止めることもなく、一方的に「このようにしなければならない」と言われても、本人にとっては受け入れることができません。この対話に欠落しているのは、不安を受け止めつつ、この会社での仕事の進め方について、Aさんに自ら考えて理解してもらうアプローチです。Aさんが転職者であるにもかかわらず、「この会社の常識」という前提で一方的に要望するだけではAさんは納得できず、結果的に受け身のままで様子をうかがうことになってしまう恐れがあります。

2 組織方針の共有と目標設定
――主体的な目標設定を促すための1on1

【状況説明】

Aさんが正式に異動してきてから間もなく、上司のほうは4月初めのグループ会で組織方針を共有しました。その少し後で、定例の1on1が行われました。

【対話のスクリプト】

上　司「先日のグループ会で議論した〝組織ビジョンと年度計画〟については、どう感じましたか？」

部下A「グループ会でしっかり背景を説明いただいたことと、メンバーの意見を取り入れていただけたことで理解が深まり、納得することができました」

上　司「そうですか、それはよかったです。さて、❶**今日の1on1は何をテーマに話しますか？**」

部下Ａ「来週中に個人目標を設定する予定なので、今日は目標設定に向けた方向性のすり合わせの時間にしていただけると助かります」

上　司「目標設定に向けた方向性のすり合わせですね。わかりました」

部下Ａ「実は、課長の〝組織ビジョン〟に深く共感しており、この組織をビジョンに掲げられていた通りにできたらいいと思うようになりました」

上　司「共感してくれて本当にありがとう。Ａさんは、❷**どこに一番共感してくれたのですか？**」

部下Ａ「この組織の存在意義についてです。この組織に来てからずっとモヤモヤしていたことが、一気に解消した感じです。今まで納得できるような意味づけができなかったのですが、やっと腹落ちすることができました」

上　司「そう理解してもらえると、とても嬉しいですね。Ａさんは、自分の目標設定としては、どのように考えているのですか？」

部下Ａ「まだ具体的なイメージが持てていないので、この時間で少し整理ができたらと考えていました」

上　司「そういうことなら、ちょうどいいタイミングだったかもしれないですね。Ａさんは、❸**組織ビジョンのゴールイメージの中では、どのような存在として活躍してい**

たいと考えているのでしょうか？」

部下A「そうですね。今はかなり受け身的な仕事の仕方なので、自分から先回りをして動いていけるようになっていたいですね。そして、自分から営業部門に向けて、さまざまな情報を発信していきたいと思っています。正直に言うと、今までは営業部門の下請け的な立場としか見ていませんでした」

上　司「頼もしいですね！　さらにゴール地点をイメージしてみると、**❹営業担当からはどのような存在として見られ、どのような声をかけてもらっていると思えますか？」**

部下A「多分、1日に何人もの営業担当から、問い合わせや相談が入ってきている状態になっているように思えます。そう、営業担当の戦略パートナーのような存在になりたいですね。営業担当からは〝相談に乗ってくれるかな？〟と声をかけられていると嬉しいですね」

上　司「営業の戦略パートナーですか。いいですね！　**❺他には、どんな活躍のイメージがありますか？」**

部下A「自分で話しながらイメージが広がってきたのですが、営業担当だけに閉じず、お客さまにも広げていくことで、さらに貢献できそうです」

上　司「いいアイデアですね。われわれの組織は誰にどのような価値を届け、そのことによってどのような貢献ができるのか、あらためて言葉にできるといいかもしれませんね」

部下A「そうですね、それやってみます！　このように話していると可能性が広がりますね」

上司「Aさんはイメージをつかむと、そこから本当に早いですよね。❻**そこがAさんの強みだと思いますよ**」

部下A「ありがとうございます。今まであまりしてこなかった経験ですが、未来のことを考えるのは楽しいと気づきました」

上司「そうですね、未来は私たちが描いた以上にはならないので、グループ会の場を何回か使ってみんなでイメージを広げていきましょう。来週の目標設定に向けて、具体的な計画と、目標項目に落とし込んでおいてください」

部下A「わかりました。今日はありがとうございました。前職では目標設定面談といっても形式的なものだったので、今日はとてもいい時間をいただきました。次回に向けて、しっかり考えてみます」

対話の解説　主体的な目標設定を促すための対話の型6

❶テーマは、部下から出してもらう

1on1を「部下のための時間」にするためにも、本人がテーマを決めることは重要です。ただ現実には「何を話す?」と水を向けても、出てこないことはあるでしょう。関係性が築けていない頃は特にそうです。そのようなときには上司側が示したり、あるいは一緒に考えたりすることもいいかもしれません。

対話例では、タイミング的に、目標設定について話すことになりました。「1on1では業務の話はしないほうがいいのでは?」と思っている方もいるかもしれませんが、そんなことはありません。正式な目標設定面談は別途行う、ということですが、特に転職してきたという前提もあるので、この組織に早く馴染むためにも、その話をしたいということがAさんの背景にある思いでしょう。業務かどうかで判断するよりも、どのような背景から出てきたテーマか、そのことを意識するといいでしょう。

❷ 相手の感情が動いた点を深掘りする

Aさんから「組織ビジョンに共感した」という話がありました。今回のテーマに目標設定を選んだその背景に、このことがあったようです。ですから、上司はそれについて問いかけています。そのとき相手が話したいことを丁寧に深掘りしていくことは、1on1の基本です。

❸ 組織の中で「ありたい姿」を言語化してもらう

上司の問いかけに対して、考えを巡らしながら話すうちに、

「今は受け身的な仕事の仕方である」

↓

「自分から先回りをして動いていけるようになりたい」

↓

「自分から営業部門に向けて、さまざまな情報を発信していきたい」

とビジョンがどんどん具体的になっていきます。このように、「ありたい姿」を言語化してもらうことはとても有効で、上司はそれを具体化するサポートをすると意識しておくと、部下がどんどん自分で気づくようになります。Aさんも、「今までは営業部門の下請け的な立場としか見ていませんでした」と仕事への理解が修正されたことも伝えてくれています。

❹ 一度聞いて終わりではなく、できる限り具体化した理想像を引き出す

この1on1で、最も大事なのがこの部分です。これは目標設定するときに大事なスキルで、その目標が実現できている状態をリアルに、ビジュアライズできるようなイメージを持ってもらいます。これに対して、Aさんは頭に浮かんだリアルなイメージを伝え、さらに「営業担当の戦略パートナーのような存在になりたい」とポジティブな意志を表明します。

さらなる「応用技」になるかもしれませんが、第1章でも述べたように、目標には意味づけが必要です。「あなたにとってはどういう意味があるの?」と問いかけ、さらに「その先に何が見えてきそう?」と質問すると、イメージやストーリーはより鮮明になるでしょう。身も蓋もない表現をすると、このようなストーリーを纏《まと》うことで初めてコピー&ペーストでつくられたMBO上の目標にも腰が入る、というものです。このプロセスがなく「目標が決まったからやってね」と上から下へ「伝達」するだけでは、仕方がないから嫌々やる、ということにしかなりません。

❺「他には?」で潜在的な動機や意志を探り当てる

これも大事な「型」です。ビジョンがどんどん具体的になり、ストーリーとなって展開されると、想像力はさらに膨らむもの。そこをすくい取る質問が「他には?」です。Aさんが自ら「話していると可能性が広がりますね」と言っていますが、まさにその通り。そこで語られることには、当人が働くうえで大事にしている価値観や、後で述べる「内的キャリア」も感じ取ることができます。そんなAさんの言葉を、上司がすべて肯定的に受け止めているところもポイントです。

❻部下の強みを認知（承認）して、背中を押す

「強み」とはっきりと言葉で伝えてあげるのも大事なポイントと言えます。ここで、上司として支援するから一緒に進もう、という姿勢を見せてもいいと思います。部下の強みを認知（承認）することで、目標設定に向けて部下の背中を押すことにつながっていきます。

＊　＊　＊

この1on1のポイントは、目標設定においてイメージを具体的にし、ストーリーをつくることです。意味づけをすることで初めて、目標を達成するためのパワーが出るのです。基本的には、上司はイメージを引き出し、それを肯定的に受け止めることが大事です。

これに対して、「部下のやる気を削ぐ」対話の例を挙げます。

【1on1ありがちな失敗例――部下のやる気を削ぐ対話】

上　司「先日のグループ会で伝えた今年度の計画ですが、Aさんの目標に入れておいてくれますか？」

部下A「実は、今日はその相談ができればと考えていました」

上　司「そう、それはタイミングがよかったですね。それなら目標設定は心配ないですね」

部下A「まだ、内容をすり合わせていないので、今日は内容の話をしたいのですが……」

上　司「年度計画の課題と担当の欄にAさんの名前を入れているので、まずはそれを目標にしてもらって、他にやりたいことがあれば言ってくれれば大丈夫ですよ」

部下A「年度計画の背景や、中長期のビジョンなど、もう少し全体的な話を聞かせていただきたいのですが……」

上　司「**先日のグループ会で伝えた以上のことはありませんよ。それに、この変化の激しい時代に中長期のビジョンなんて必要ありますか？　今は、目の前の課題と向き合うことが重要だと思いますよ。**とにかく、いったん目標管理シートを書いてみてください」

部下A「……」

上司の立場からすると、すでに上位目標が決まっているため、自組織の目標にブレークダウンしなければなりません。そこに強く目が向いている上司にとって、中長期のビジョンや個々人の希望をベースに目標を設定することは難しいもので、この対話例でも主要な目標は一方的に決めてしまっています。しかし、それでは部下は「上が決めたことを実行する」だけの存在となり、主体的な目標設定とは程遠いものになってしまいます。

目の前の課題に向き合うことは大事ですし、上位目標を自組織の目標にブレークダウンする必要ももちろんあるでしょう。ただ、「手続き」が、部下のモチベーションより優先されるとしたら、本末転倒ではないでしょうか。

3 業務推進のための問題解決支援
――課題に気づかせるフィードバックのための1on1

【状況説明】

新年度が始まって3か月ほど経った頃の場面です。職場にも馴染んできたAさんは、プロジェクトリーダーに抜擢《ばってき》されています。ただ、思わぬ問題を抱え、プロジェクトは難しい局面を迎えています。

【対話のスクリプト】

上　司「Aさんも、だいぶ職場に慣れてきたようですね」

部下A「おかげさまで、なんとか前に進みはじめています」

上　司「そうですか、それはよかったです。さて、❶今日の1on1のテーマは、事前にメールでもらっていた内容でいいですか？　Aさんが、今一番話したいテーマにするのがいいので、変更してもかまいませんよ」

部下A「お気遣いありがとうございます。事前にお伝えしていたテーマでお願いします。目標にも掲げているプロジェクトについて、今後の進め方を相談したいと考えています」

上　司「了解です。私もその件について話したいと考えていたところです」

部下A「ご心配をお掛けしています。課長もご存じかと思いますが、現時点でプロジェクトは止まっています。原因はプロジェクトメンバーのBさんと意見が合わないことです」

上　司「**❷早めに相談してくれてありがとう。Bさんと意見が合わないとのことですが、これまで何があったのか教えてくれますか？**」

部下A「私はプロジェクトのテーマに沿って議論を進めようとしているのですが、Bさんが感情的な意見ばかり言うため、議論が進まないのです。そもそもBさんは、このプロジェクトにアサインされたことを納得していないようで、上司からもプロジェクトの説明を受けていないとのことです。毎週プロジェクト会議を行っているのですが、すでに3回も同じ議論を繰り返しています」

上　司「3回の議論での**❸Bさんの意見は？**」

部下A「そうですね、毎回同じ主張をしています。感情的になることが多いので、毎回表現は違っていますが、趣旨は〝たくさんの課題がある中で、この課題に取り組まなければならない理由は何か〟〝このプロジェクトには、どこまでのことが期待されているのか〟。この2点を明らかにしなければ、プロジェクト自体が失敗すると言っています」

上司「Aさんは、❹**その意見に対してどう考えているのですか？**」

部下A「プロジェクトの納期は決まっていますし、リーダーとしてとにかく前に進めたいと考えています。ただ、Bさんのような攻撃的な相手に対して苦手意識を抱えていることもあり、プロジェクトリーダーを続けられるのか不安です」

上司「❺**Aさん、不安に思っていることを話してくれてありがとう。Aさんの話を聴いて私が思ったことを率直に伝えたいのですが、いいですか？**」

部下A「はい、何でも言ってください」

上司「まず、❻**プロジェクトリーダーとしての姿勢と問題意識の高さはよいと思います。そして、Bさんからも逃げずに、しっかり向き合おうとがんばってくれています。**ただし、Bさんの件は毎回意見を受け止めているものの、本質的な解決ができていないことで、プロジェクト全体に大きな影響が生じています。リーダーとしてプロジェクトを推進していくためには、メンバーに厳しく要望することも必要です。A

さんには、先々チームリーダーになってほしいと期待しているので、Bさんとどう向き合っていくかをしっかり考え、この問題を乗り越えてほしいと思っていますが、Aさんはこの状況をどのように考えていますか？」

部下A「ありがとうございます。まだ不安のほうが大きいですが、自分の成長の機会と捉え、なんとか乗り越えたいと考えています」

上　司「それでこそAさんです。あらためて考えてみると、Bさんは何を問題視しているのでしょうね」

部下A「プロジェクトの目的、でしょうか。私はプロジェクトの目的を自分の言葉にすることが重要とは思っていなかったのですが、今考えるとBさんはそのことに反応していたように思います」

上　司「**❼もし、AさんがBさんの立場で今回のプロジェクト会議に参加していたら、何を考えると思いますか？**」

部下A「立場を変えて考えてみるということですか？　確かにBさんの立場だったら、私も同じところに引っかかるかもしれませんね……」

上　司「Bさんは、何を問題視しているのでしょうかね」

部下A「話しながらなんとなく見えてきたような気がします。私はプロジェクトリーダーとして一番重要な、プロジェクトの目的を本当の意味で理解していなかったのかもしれません。Bさんは、そのことに反応していたように思えてきました。そうか、だから3回もプロジェクト会議の場でそのことを議論しようとしてくれたのかもしれませんね……」

上司「Aさんは、❽**このプロジェクトのゴールがどのような状態になれば成功だと考えていますか？**」

部下A「さっきまでは、プロジェクトで決めた短期的なアウトプットを出すことしか見えていませんでしたが、この取り組みを通じて、組織風土を変えていくことが最も重要なテーマではないかと思えてきました。確かに、プロジェクトオーナーのC部長からも、最初に組織風土を変えたいという話を聞いていました」

上司「そうですか。これでプロジェクトも前に進みそうですね。❾**Aさんは、確信が持てると一気に進むことができるのが強みだと思います。つねに問題の本質を捉え、自信を持って仕事に取り組んでもらえるといいですね。**それから、今期はもう1つ他部署を巻き込んだ仕事があったと思いますが、そちらも大丈夫ですか？」

部下A「実は、今そのことも気になっていました。本質的には同じことかと思いますので、目的をしっかり言葉にするようにします。自分以外の誰かと一緒に仕事をする際は、その仕事の目的を言葉にすることを習慣にしたいと思います」

上　司「大事なことに気がつきましたね。では、プロジェクトのほうはよろしくお願いします。⑩**私が支援できることがあれば、遠慮なく声をかけてください**」

部下A「ありがとうございます。まずは、Bさんと2人で話してみます」

対話の解説　問題解決につなげるフィードバックのための対話の型10

①テーマは、当日変更でもかまわない

1on1は、そのとき部下が最も話したいことがテーマになるべきですので、前もって予定し、伝えていたテーマを当日に変更するなど、フレキシブルな対応でかまいません。このケースでは、事前にメールで伝えており、それがAさんにとって大事なテーマであることがうかがえます。

このことは重要です。つまり、1on1が始まる前、テーマ設定の段階から、Aさんの内省は始まっている、ということになるからです。席に着いて、初めて考え出す場合よりも、1on1はより有益な場になるでしょう。

❷ 相談してくれたこと自体を肯定する

ここは、このやりとりの中で最も大事なポイントです。プロジェクトが止まっている――このような悪い話を、部下から持ち出すのは気が重いものです。ただ、この上司とAさんとは、その手前にちゃんとした関係ができていて、それこそ心理的安全性が担保されているから話すことができるのです。こうしたケースで悪い報告ができず、ひた隠しにする、というのはありがちなこと。その結果、ギリギリになって発覚し、取り返しがつかないことになる、というのも起こりがちです。

ここで上司は「早めに相談してくれてありがとう」と言っています。部下に対して「ありがとう」は、なかなか言えないかもしれません。まして、このようなケースでは、むしろ「何やってんだ！」などと叱責が口をつくケースでしょう。口には出さないまでも、表情に出ていたり、もしかすると舌打ちをしていたりするかもしれない。そうした反応を恐れて、人は悪い情報を言わずに隠すのです。そうではなく、勇気を出して言ってくれたことに感謝する。これが「バッドニュースファースト」になる前提です。

❸ 関係者全員の意見を等しく聞いて、整理させる

まず、Aさんの説明を聞きつつ、Bさんについても Aさんの見立てを聞いています。この

ように話をしてもらうことが大事で、ここで上司が分析的に捉えて、問題点を指摘してしまうようであれば、Aさんが事態の主体者ではなくなる可能性があります。

❹部下の意見と感情を汲《く》み取る

上司はさらにAさんの意見を聞きます。それに対して状況を説明するだけでなく、Aさんは「不安である」という感情を吐露します。そうした感情を、上司はしっかり汲み取る必要があります。

❺率直に伝えるための前置きは「感謝」とともに

こちらも、非常に大事なポイントです。一見すると弱音を吐いているようにも見える。納期は決まっているし、リーダーを続けられるのか不安、と言うのですから。ここでまた、上司は感謝を伝えています。「本当に不安に感じていることを、自分を信頼して言ってくれてありがとう」ということです。話を聴いて、上司はAさんにとって耳の痛いフィードバックをしようとしています。自分の意見を伝えるにあたって、許可を取っているのも注目に値します。一方的に話をするのではなく、双方向なコミュニケーションであり、Aさんは話を聴くためのレディネス（準備）を整えることができます。

❻状況整理と期待値をセットで伝える

耳の痛いことをフィードバックするときには、まずがんばっているところは認めることが大事です。そのうえで、ダメなところをちゃんと指摘します。ここは、ストレートに言います。ただ、最初に承認があるから、部下はきちんと話を聴き、受け入れることができます。そこで終わりとせずに、上司は期待もつけ加えます。承認、指摘、期待。この順で伝えることで、耳の痛いことも聴こうという姿勢をつくり出すことができます。

❼相手の立場と入れ替えさせる

「AさんがBさんの立場で今回のプロジェクト会議に参加していたら」という言葉の意図は、視点を変えて、Aさんが気づくことを促す、というところにあります。もしかすると思い込みもあるかもしれないし、やや視野が狭くなっている恐れもあります。このケースでも、上司の問いを受けて、Aさんは今まで気がつかなかった方向からも考えはじめます。

❽取り組むべき課題の真のゴールを明確にさせる

ここでも上司は「こうしたら?」と誘導するのではなく、「どのような状態になれば成功だと考えていますか?」と問いかけます。あくまでも本人が自分で考えることを求めています。

❾相手の強みを言葉にして伝え、背中を押す

Aさんの視点が変わり、プロジェクトのテーマを再認識したところで、上司は背中を押すポジティブな一言を発します。このことにより、部下は「自分が問題に対処できる人間だ」と背中を押されていると感じ、前向きに、そして主体的に問題解決に当たっていくことができます。

❿助けはいつでも求めていいことを伝えて終える

もはやAさんの悩みは軽減され、次のアクションへの意欲が湧いていますが、この最後の一言によってさらに勇気を得ることができます。

＊　＊　＊

悪い状況について話をし、フィードバックを受けることで、視点が変わり、事の本質に気づく。こうしたことが20－30分の1on1でできる、ということこそが知っていただきたいポイントです。

これに対して、「部下の成長の芽を摘む」対話の例を挙げます。

【1on1ありがちな失敗例――部下の成長の芽を摘む対話】

上　司「プロジェクトが遅れているようだけど、大丈夫ですか？」

部下A「実は……（しばらく沈黙）……あまり進んでいないのが実情です。原因はプロジェクトメンバーのBさんと意見が合わないことで、そのため計画が遅れています」

上　司「**Bさんですか。彼は納得するまで動かない人ですからね**」

部下A「そもそもBさんは、このプロジェクトにアサインされたことを納得していないようです。上司から、ほとんど説明を受けていないとのことです」

上　司「プロジェクトリーダーとして、Aさんからしっかり伝えれば解決しそうですね？**Aさんは、相手のことを考えすぎるところがあるから、リーダーとしては厳しく言うこともできるようにならないとダメですね**」

部下A「私が説明しても、まったく理解してくれない状態が続いています」

上　司「**私からBさんの上司に、説得するようお願いしてみましょうか？**」

部下Ａ「そうですね……」
上　司「上司がＢさんに説明をしていないのが問題だと思いますけどね。……そうしましょう。私からＢさんの上司に話してみます」
部下Ａ「……よろしくお願いします」

上司から状況をしっかり確認することもなく、Ｂさんに対する先入観も手伝って、Ｂさん側の問題と決めつけた会話になっています。部下の弱気な対応へのフィードバックと、「Ｂさんに厳しく言うべき」とのアドバイスに加え、上司である自分が直接Ｂさんの上司に訴えることで解決しようとしています。

このケースでは、部下が問題の主体者となっていないこと、他責な発言に表れているように最後は自分の上司に動いてもらうことにしてしまったことが残念なところです。

ただし、どこまで信じて任せるかは、難しいところ。自分が出るのが早すぎると、部下は成長しない。しかし、待ちすぎのリスクもある。研修でも、多くのマネジャーが、フィードバックが難しくて困るのはこういうときだと言います。いうまでもなく自分の評価につながりますから、手を出したくなるのも理解できます。マネジメントの力が問われるところでしょう。

ビジネスは、徹頭徹尾ロジカルに進められるべきものです。ただ、人との接点はエモーショナルなものがないとうまくいかない、というのも読み取っていただきたいポイントです。

4 仕事経験の振り返りによる学習

——経験学習によって学びを深める1on1

【状況説明】

上半期が終了するタイミングで、この半年間の振り返りを支援するための1on1の場面です。プロジェクトを成功に導いたAさんに対し、上司は経験学習の考え方に沿って、振り返りを促します。

【対話のスクリプト】

上　司「❶今期は業務量も多く大変だったと思いますが、最後まで諦めずに取り組んでくれたことに感謝しています」

部下A「課長に助けていただきながら、乗りきることができました。こちらこそ、本当にありがとうございました」

上　司「❷前回の1on1では、来年度に向けて今期の振り返りをしたいとの話が出ていましたが、今日はそのテーマで話しますか？」

部下A「正式なMBOのレビューは、来週以降でセットさせていただきますので、あらためてお願いします。今日は、課長にご支援いただいたプロジェクトを題材に、結果とプロセスを振り返りたいと思います。かなり苦戦したプロジェクトでしたので、そこからの学びを今後のプロジェクトマネジメントに活かしたいと考えています」

上司「今回のプロジェクトは、Aさんの成長にとって大きな意味のあるプロジェクトでしたね。とてもよい題材になると思います。Aさんは〝経験学習〟という考え方を知っていますか？」

部下A「経験学習については、1冊だけ本を読んだことがあります。前職の頃に興味を持ったのですが、考え方を理解したくらいで、実際に使ったことはありませんが」

上司「考え方を理解しているなら、話は早いですね。今日の1on1で試してみましょう」

部下A「ぜひお願いします。どのように進めればいいですか？」

上司「**❸プロジェクトリーダーとしての経験を振り返り、そこからの気づきを言語化し、自身の教訓とします。次に、その教訓を別の機会に応用してみます。そして、別の機会に応用した経験を、同じように振り返り新たな教訓にしていくということを繰り返し行っていくイメージです。**今日は、経験からの気づきを言語化し、教訓にするというところまで進められるといいと思います」

部下A「ありがとうございます。私がお願いしたかったこと、そのものです」

上　司「Aさんから〝プロジェクトが止まっている〟との相談を受けたのが、つい昨日のことのようですね」

部下A「確かにそうですね。Bさんの真意が理解できずに困っていたときに、課長からヒントをいただきました。課長から〝Bさんの立場で会議に参加していたら、Aさんだったら何を考える？〟と質問されました。今振り返ると不思議な感じですが、あの問いかけがきっかけとなり、すぐにBさんと話すことで問題を解決することができました」

上　司「そうでした。すぐに行動に移したことが、いいなと感じたのを覚えています。❹**他にこのプロジェクトで印象的だった経験と、そこからの学びがあったら教えてください**」

部下A「Bさんとの件が解決してからは、プロジェクトメンバー全員で議論をするようになりました。中でも一番大切だったと思える議論は、プロジェクトの〝目的と目指す状態〟を明確にしたことです。プロジェクトが壁にぶつかった際、必ずこの〝目的と目指す状態〟に立ち返るようにしました。その結果、プロジェクトにとって最後の難関ともいえる、プロジェクトオーナーのC部長へのプレゼンも大成功に終わらせることができました」

上司「とてもいい経験でしたね。Aさんが、Bさんとしっかり向き合ってくれたことで、理想的なプロジェクトチームになったようですね」

部下A「Bさんとの件を課長との1on1で話した際、プロジェクトリーダーである自分が〝プロジェクトの目的〟を明確に語れないことに気づきました。それ以来、〝仕事の目的を明確にする〟ことを決め、意図的に実行するようになりました」

上司「つまり、❺**仕事を進めるうえで〝目的を明確にする〟ことが、最も重要であることに気づいたということですね**」

部下A「正確にいうと、自分が取り組む仕事の〝目的と目指す状態〟を具体的に言葉で表現するということです」

上司「そこまで具体的に表現できれば、プロジェクトの誰が見ても同じ基準で判断ができるようになるでしょうね」

部下A「ありがとうございます。このプロジェクトだけでなく、次は自分が担当する仕事を進めるうえで共通に持っていただきたい〝目的と目指す状態〟を言語化してみたいと思います。抽象度は高くなると思いますが、つねに意識していきたいと思います」

対話の解説　経験学習によって学びを深める対話の型5

❶普段の仕事ぶりを認めて、感謝を伝える

ここでも、上司は感謝を伝えています。これに違和感を覚える方もいるかもしれませんが、私自身は効果的だと思っていて、実際に使っていました。それは、こちらの思いを言葉にして伝えることが大事である、と思うからです。ここで、「諦めずに取り組んでくれたよね」と言っていることに注目してください。「大きな成果を出してくれたよね」とは言っていません。つまり、その人が大事にしていることとか、がんばったプロセスを見て感謝しているのです。一方で、プロセスを見ていることを伝えるのを省き成果に対してのみ感謝するのは、「私のために成果を上げてくれてありがとう」と言っているのと同じだと受け取られる恐れがあります。

大きな成果であれば感謝し、たとえば金額的にさほどの達成でなければ感謝しない、というのもおかしな話ではないでしょうか。小さな成果でも、部下はすごくがんばった。しかも、こだわりのある仕事だった。そこを認めるのは大事なところです。それによって間違いなくモチベーションが上がります。そのために、日頃からメンバーを観察するなどして、そ

れぞれが持つ価値観やその内面を知ることが求められます。

❷どんなときもテーマは部下から決めてもらう

ここは、いつもの「型」を踏襲しています。部下自身がテーマを決めることは、主体性を養ううえでも非常に効果的です。

❸経験学習のサイクルを1on1に取り入れる

経験を振り返って、持論を見出し、次の状況に適用するのが、経験学習のメカニズムです。「経験を振り返る」というシンプルな行為に、上司が対話を通して支援することは、1on1の効果を上げるための「型」として、非常にパワフルです。部下の成長を促す対話のあり方として、基本と捉えていただいてもいいでしょう。

❹「印象的な経験」と「本人が得た学び」を自分の言葉で説明させる

経験について、また、そこから得た学びについて言語化することは、経験学習を深めるポイントです。「気がついたことは何？」という質問に対する回答は、そのまま教訓となり持論になります。人はつねに自分の行動を言葉に置き換えているわけではありませんから、問いかけに対して、すぐに言語化できないこともあります。そのときには質問の角度を少しずつ変えるなど、繰り返し問いかけながら一緒に考えていくのがいいでしょう。

❺相手の気づきを繰り返し、より深い内省を促す

上司が「**仕事を進めるうえで〝目的を明確にする〟ことが、最も重要であることに気づいたということですね**」と言い換えて繰り返しています。この発言に、くどさを感じる人もいるでしょう。しかし、徹底的に具体化しつつ繰り返すことによって、相手にさらに深く考えることを促すことができます。このケースでも、「正確にいうと、自分が取り組む仕事の〝目的と目指す状態〟を具体的に言葉で表現するということです」と、より正確な言葉を引き出すことができています。

*　*　*

せっかくの経験も、振り返りのプロセスがないと経験のしっぱなしになってしまいます。ここで経験学習の考え方を適用すると、経験が再現可能なナレッジに昇華します。この振り返りはもちろん1人で行ってもかまいませんが、1on1の機会に対話によって振り返るこ

とで、効果はさらに上がります。それが、この1on1のポイントです。

これに対して、「部下のナレッジに結びつかない」対話の例を挙げます。

【1on1ありがちな失敗例――部下のナレッジに結びつかない対話】

部下A「今日の1on1では、課長にご支援いただいたプロジェクトを題材に、結果とプロセスを振り返りたいと思います。かなり苦戦したプロジェクトでしたので、そこからの学びを今後のプロジェクトマネジメントに活かしたいと考えています」

上司「しかし、Bさんと仕事をしていくのは大変ですよね」

部下A「本当に大変でした。そして、かなりのエネルギーを使いました。課長に動いていただき、Bさんの上司に働きかけることができなかったらプロジェクトは失敗に終わっていたと思います。早めに課長に動いていただけたことが、今回の成功要因といっても過言ではないと思います」

上司「**今回はBさんに振り回されてしまったことが問題でしたね。Bさんから逃げずに対応してくれたのはよかったと思いますが、プロジェクトリーダーとして、もっと厳しく要望をぶつけるべきでした**」

部下Ａ「Ｂさんへの対応に問題があったというのは、その通りだと思います。しかし、そのこと以上にプロジェクトマネジャーとしては、〝プロジェクトの目的〟を明確にできなかったことのほうが問題だったと反省しています」

上　司「**それもありますが、Ｂさんへの対応です。プロジェクトリーダーがメンバーを統制できないことが最大の問題だと認識してください**」

部下Ａ「しかし、Ｂさんもプロジェクトの目的が明確になってからは、私の支援もしてくれていますし……」

部下が主体的にプロジェクト活動の振り返りの場をつくり、上司の力を借りて経験学習サイクルを回そうと考えました。今回の失敗体験からの学びを教訓にして、次のプロジェクトに活かすつもりだったのです。

ところが上司からの一方的なフィードバックの場になってしまい、一面的な見方を押しつけられる結果となっています。これでは、経験学習サイクルは駆動しません。気づきも納得もないので、部下の学びにとって益するところはあまりない、と言えるでしょう。当然ながら、信頼感が醸成されることもありません。

5 中長期のキャリアと育成
――部下の成長を促す1on1

【状況説明】

転職してから1年が経ったタイミングで、Aさんは少し先を見通してのキャリア・ビジョンについて考えようとしています。そこで、1on1で上司に話を聴いてもらうことにしました。

【対話のスクリプト】

上　司「❶今日の1on1は、何のテーマについて話したいですか？」

部下A「今日は、自分のキャリアについて相談したいのですが、お願いできますか？」

上　司「キャリアについてですね、わかりました」

部下A「こちらに転職してからすでに1年が経ちました。1年を振り返り、自身の成長の確認と今後の成長課題、そして中長期のキャリアについて考えたいと思っています」

上　司「そうですね、早いものです。Aさんは❷この1年を振り返ってみて、自身の成長についてどう感じていますか？」

部下A「最初の半年は、何もわからないうちに時間だけが過ぎていった感じで、正直なところ不安でした。課長と一緒に仕事をするようになり、少しずつ何をすればいいのかがつかめてきたように思えます。先日の1on1でもお伝えしましたが、プロジェクトリーダーとしての経験からは学ぶものが多かったと思います。この半年、課長には本当に助けていただいたと思っています。あらためてお礼申し上げます」

上　司「上司としてやるべきことをやっているだけなので、気にしなくていいですよ。❸最初の半年は不安だったということでしたが、今はどのような気持ちでいるのですか？」

部下A「この半年で、ようやく会社の雰囲気にも慣れ、自分で結果を出せたといえる仕事もできました。ですから〝ここでやっていけるのかな？〟という不安はなくなりました」

上　司「❹他の不安が出てきているのですか？　もしそうであれば、心配せずに話してもらえますか？」

部下A「ありがとうございます。不安というほどネガティブな状態ではなく、この先、どの方向へ進んでいこうかという漠然とした悩みと言ったほうが近いかもしれません。このまま、リーダー、マネジャーと進み、もし可能なら部長といったキャリアを歩んでいきたいのか、それとも専門性を高めていきたいのかなど、自分の中で整理がついていないのが気になっている、という状態です」

上　司「確かに管理職としてのキャリアを選ぶのか、専門職としてのキャリアを選ぶのかは、自分自身で選択するのが理想ですね。では、Aさんが❺**仕事をする際にこだわっていることや、仕事を通じて実現したいことを教えてくれますか？**」

部下A「先日の1on1の際に話したこととつながりますが、一緒に仕事をする人から〝一緒に仕事ができてよかった〟〝成長できた〟〝仕事の仕方を見習いたい〟と言われるような仕事をしたいと思っています」

上　司「Aさんは、❻**自分のことよりも、一緒に働く相手のことを気に掛けているのですね。それであれば、いずれ管理職として部下を持ったときに、強みになりそうですね**」

部下A「今まで気づいていませんでしたが、確かに人の成長やモチベーションには関心がありますね」

上　司「❼**キャリアを考える際は、ポジションや仕事内容だけでなく、仕事に対するこだわ**

りや、仕事を通じて実現したいことなど、自分の内面にあるものをしっかり見ることが大切です」

部下A「確かに、自分との対話が必要かもしれません」

上　司「Aさん、❽定期的な1on1の時間とは別に時間をとって、キャリアについて内面的な部分から考える機会を持つというのはどうでしょうか？」

部下A「ぜひお願いします。あらためてスケジュールの調整をしておきます」

対話の解説　部下の成長を促す対話の型7

❶テーマを部下に決めてもらう

いつも通り、1on1のテーマを決めてもらうよう促します。

❷自らの成長について部下自身がどう考えているかを率直に聞く

あらためて経験を振り返って言葉にしてもらいます。経験を通して何を得たのかを語っていますが、これは前出の経験学習サイクルが駆動している状態です。

❸ 現在の状態について、かつてとの変化を聞く

1年経って、このままやっていけるかどうかを確認しています。不安はなくなった、ということから組織に貢献することで馴染むことができたことがうかがえます。

❹ 違和感を持ったら、そこを深掘りする

あえて「他の不安」を聞いています。これも信頼関係ができているからこそできること、といえます。このように聞かず、違和感を持ったとしても「大丈夫だよね？」と尋ねたとしたら、部下は「もう大丈夫です」としか言えなくなり、対話はそこで途切れるでしょう。

❺ 仕事を通して実現したい姿を聞くことで、内面にある部下の価値観を引き出す

この1on1で、最も大事なポイントがこれです。仕事について自分が大事に思っていること、基本的な価値観、すなわち「内的キャリア」について聞いています。極端にいうなら1on1は、このためにやる、と言ってもいいかもしれません。自分の内面について、人は心を許した人間にしか話さないものです。また、しっかり時間をとって話さないと、なかなか明確な言葉として出てこないこともあり得ます。だから、❽の「定期的な1on1の時間とは別に時間をとって、キャリアについて内面的な部分から考える機会を持つというのは

どうでしょうか?」という提案も、有効といえます。1on1だけが、こうしたことを話す場ではありませんし、あえて1か月後の1on1を待つ必要もない、ということです。

❻客観的に捉えた部下の強みについて、フィードバックする

異なる角度から捉えた部下の強みが、キャリア上どのような意義があるのか、伝えます。

キャリアに関する話とは、部下からすると未知の未来の話です。その部下が持つ強みが、キャリア上どのような価値を持つかは、上司だからこそできるフィードバックではないでしょうか。対話例でも、部下は上司の視点により、新たな気づきを得ています。

❼キャリアを考えるうえで必要となる視座を提供する

❺とも共通しますが、自分自身の価値観や興味関心を反映している内的キャリアは、やりがいなどにも直結するため、働く人にとって大事なことです。ただ、マネジャーを対象とする研修でも、内的キャリアについて「初めて聞きました」という方が少なくありません。

キャリアをテーマに1on1をすることで、部下の価値観が出やすくなるということもあります。できれば終わった仕事の振り返りに加えて、部下の未来に関する話をして、成長を積極的にサポートしていきたいものです。

部下のキャリアについて話を聴くことは、1on1の大事な役割の1つです。逆に、仕事の流れの中で、未来の話をじっくりできる機会は他にないと言えるでしょう。キャリアの話といっても、異動希望を聞くというような短期的な外的キャリアではなく、価値観に基づく将来ビジョンや、ゆくゆくはトライしてみたい新たなチャレンジやスキルの獲得など、中長期的なキャリア、あるいは内的キャリアについて話をすることをお勧めします。

＊　＊　＊

これに対して、「部下のモチベーションを低下させる」対話の例を挙げます。

【1on1ありがちな失敗例――部下のモチベーションを低下させる対話】

部下A「今日は、自分のキャリアについて相談したいと思っています。実は、こちらに転職してから1年が経ちました。1年を振り返り、自身の成長の確認と今後の成長課題、そして中長期のキャリアについて考えたいと思います」

上　司「わかりました。この1年を振り返り、自身の成長について感じていることがあれば教えてください」

部下A「会社の雰囲気にも慣れ、自分で結果を出せたといえる仕事もできました。ですから現在は、比較的問題なく進んでいると思っています。ただ、この先どの方向へ進んでいこうかという漠然とした悩みがあり、このままリーダー、マネジャーと進み、そして可能なら部長といったキャリアを歩んでいきたいのか、それとも専門性を高めていきたいのかなど、自分の中で整理がついていない状態です」

上　司「**Aさんはもっと現場で経験を積んでから、管理職になることを考えたほうがいいかと思います。今は、目の前の仕事に食らいつき、結果を出すことだけ考えていればいいのではないでしょうか**」

現在の本人の状況や考えをしっかり聴くことなく、今は目の前の仕事だけ考えていればいいと結論づけており、本人の納得感もなく対話が終わってしまいました。

部下のほうからキャリアに関する相談を持ち掛けることは、比較的勇気のいることです。このような場合、上司としては、現状の部下の不安や迷いなどについて、しっかり受け止めることが必要です。そして、働くうえで部下が大切にしていることや、将来的に実現したいと思っていることなど、内面にある思いや価値観を把握することが最も重要です。

第 4 章

1on 1を使いこなす企業に学ぶ「対話とマネジメント」

本章では、1on1の活用によって組織の課題を解決しようとしている企業のケーススタディを紹介します。

もちろんこれらの企業は、1on1だけで解決を図っているわけではなく、他の手段との合わせ技で事に当たっています。

しかし、どちらの事例も、組織内でのコミュニケーションの質が上がったことによって、マネジメントの基盤が強固になり、そのうえでビジネスのパフォーマンスが上がっていることが感じ取れます。

前章で取り上げた1on1の「型」も交えながら解説していきます。

CASE 1

1on1をヨコに開いて「57on1」に進化

▶リモートワーク特有の対話不全を解消した施策とは？

リクルート（旧リクルートキャリア）

課題

リモート環境下で、組織コンディションが低下していた。

深層

1on1は実施していたが、コミュニケーションが上下間のタテに閉じがちだった。リモート環境で同僚への相談機会がなくなり、コミュニケーションが完全にタテの単線になってしまった。

対応

57人のマネジャー全員で1on1を磨き込むことを決断し、マイクロソフトのコラボレーションソフトTeamsのチャットを活用して多方面フィードバックを奨励した。

成果

マネジャー間のヨコの連携が高速で行われた結果、メンバー672人の1on1の質が向上した。

コロナ禍で直面した危機的状況
マネジャーたちが明かした本当の課題とは

コロナ禍で多くの企業がリモートワーク主体に切り替えていますが、対面のコミュニケーション機会が減少することによって、マネジャーもメンバーも不安に見舞われるケースは少なくありません。

リクルートキャリア（２０２１年４月よりリクルートに統合）も、その１つ。エージェント事業本部エリア統括部では、リモートワーク中心になった２０２０年度の第１四半期に組織コンディションが低下しました。ＥＳ（従業員満足度）アンケートを分析すると、その要因として周囲とのつながりが希薄になったことが浮き彫りになりました。

この事態を改善するために、エリア統括部が選んだ手立てが「１ｏｎ１ミーティング」の活用でした。

「エリア統括部では、かねてより１ｏｎ１を実施してコミュニケーションの活性化を図っていました」。部門を統括する執行役員の中島耕平さんは振り返ります。「メンバーのモチベーションを高めるための手法として効果も上げていました。ただそれまでは、マネジャーの任意の手上げ制でサークル活動的に勉強会を実施していた状態であり、影響範囲は限られたものでした。それにもっと組織全体で取り組んでいく必要があるのでは、と考えはじめました」

問題は離職率が高まったことだけではありません。業績も低迷しはじめていたのです。コロナ禍によって、事業会社の採用活動が一時的にストップしていたのがその要因の1つでした。

コミュニケーション活性化は、メンバーのモチベーションを向上させるためにも欠かせません。そこで、中島さんは「1on1を磨き込む」ことで、その課題を解決しようと考えたのです。

「コロナ禍での上司・部下のコミュニケーション不全が、メンバーの不調につながり事業運営を困難にしていました。リモートワーク中心の新しい働き方は、今までの私たちが得意としていた対面のコミュニケーション力をどう進化させていくのか、考えるきっかけになりました。そこで今一度、上司・部下のコミュニケーションそのものに課題を置き、事業を立て直していくことを決めました。それには上司・部下のコミュニケーション頻度が担保される１ｏｎ１を磨き込むことが最善の策だと考えました」

１ｏｎ１を磨き込むというミッションを与えられたのが、２０２０年４月にエージェント事業本部エリア統括部の部長に就いた植村友恵さんです。

まず着手したのは、マネジャーたちにヒアリングし、どのように１ｏｎ１を実施しているか、現状を確認することでした。それが１ｏｎ１を磨き込む起点になると考えたからです。

「ヒアリングから見えてきたのは、営業手法に関する会話が圧倒的に多いということでした」。植村さんはこのように振り返ります。「それは言うまでもなく、コロナ禍で業績が落ち込んでいたためでした。もちろん、業績回復は重要なテーマですし、それについて会話することが悪いわけではありません。ただ、外部環境が厳しい中で業績に関することがコミュニケーションの中心となっていては、メンバーのモチベーションを維持するのは困難です。一方では、リモートワークを進める中で、上司によるメンバーの状況把握がしづらくなっているという現実もありました」

そこで植村さんは、1on1によって上司とメンバーの対話の質を上げ、それによってメンバーの成長を引き出すことを目的に定め、1on1の磨き込みをスタートさせました。

当のマネジャー層は、どのように感じていたのでしょうか。松田未来さんは、こう言います。

「私がメンバーだった頃には1on1での対話は〝このお客さんどうなってるんだ?〟というような各論の話が多かったように記憶しています。だから、正直なところ、あまりやる意味がないな、と感じることもありました。その後マネジャーになり、まだ日は浅いのですが、上司の側になって行っていた1on1も、結局メンバーのコンディションを確認するぐらいに留まっており、なんとなく流れでやってしまっているのでは、と暗中模索な状態が続いていました」

費やした時間は計600時間あまり コミュニケーションを学び直し、前提条件を揃える

1on1を磨き込むために、まずコミュニケーションの理論を学ぶ講座を開催しました。5回に及ぶ講座には、マネジャー以上の組織長57名全員の参加を促しました。参加者全員が

講座の受講に費やす時間は、計600時間あまり。負担は小さくありませんでしたが、それが磨き込みの大前提として欠かせないと考えたのです。

そこまでコミットさせようと考えた背景には、これまでメンバーとのコミュニケーションはマネジャー個々人に委ねられていて「基準」がなく、成長、マネジメントなど、業務の場面で頻繁に使われる言葉の意味や解釈もバラバラだったことがあります。

メンバーとの対話の質を上げるには、「コミュニケーション」そのものに基準を置き、前提の認識を揃え、相互に磨きあうことが必要だと考えたのです。基準については、グループ会社であるリクルートコミュニケーションエンジニアリング（2021年4月よりリクルートマネジメントソリューションズに統合）に協力を仰ぎ、1回2時間、隔週実施で約3か月かけて講座を実施。ただ受講してもらうだけではなく、講座受講→学びを1on1で実践→「Teamsチャットで内容・結果を投稿しあい相互フィードバックをかけるという、「学び＋実践」のセットで実施していきました。

第1回の講座では、マネジメントの共通認識をつくるため、「メンバーの成長とは何か」を定義することからスタートしました。

「マネジャー歴の浅い社員が多いため、こういうときにはこうすればいい、というアドバイスもできない状態でした。一方、当然ですが財務責任は負っています。つまり、解がない中で目標を追いつつ、メンバーの育成支援もしなければならない。ですから、1on1のスキルも大事だけれど、そもそもどういうマネジメントが必要なのか、というところから意識合わせをする必要がありました」（植村さん）

成長のステップを明確化するという作業に関しては、自分がそれまで受けてきたマネジメントを振り返り、あるべきマネジメントスタイルを定義し直すことにも取り組んだといいます。それによって、メンバーとコミュニケーションを取るときの起点が明らかになるからです。

講座では、さらに自分の成長にプラスの影響を与えた関わりを深掘りするプログラムも実施しました。

「57人の経験を分析すると、お客さまや同僚から影響を受けたという割合が高く、上司からの影響は10～20％と意外に低いことがわかりました。このことから、すべてを上司1人が解決する必要はなく、お客さまとの接点や、同僚とのコミュニケーションの機会をつくるほうがメンバーの成長が促進されるということがわかりました」（植村さん）

1on1をなんとなくやっているのでは、と悩んでいた松田さんは、研修後の変化について、こう説明します。

「個人個人の持ち味をどう活かすのか、ということについて、それまでは〝その人の得意なことにフォーカスしよう〟と考えていましたが、研修の中では〝その人にとってエネルギーの出る物事〟としていました。他者との比較ではなくて、その人の中にそういうポイントがあるかどうか。そこを育てていって業務と接続していくことでパフォーマンスを上げる、という考え方が一番大きい学びでした。そのほうが早くパフォーマンスが上がるな、ということを体感的に理解しましたから」

チャットによる「ヨコのつながり」が威力を発揮
マネジャーたちの成功・失敗のデータベースに

講座を受講することによってマネジメントの基盤を共通化し、コミュニケーションの基礎を習得する一方、1on1の磨き込みに直接的な効果があったのが、チャットによるヨコのつながりをつくったことでした。マネジメントにおいて各自が試みた内容や、1on1での対話内容を共有することで、相互学習を促したのです。

これは同社の特徴でもありますが、もともとマネジャーは、正解がない中で葛藤するものとされ、マネジメントのやり方は個人に委ねられがちでした。1on1を実施していたマネジャーも、基本は1人で試行錯誤しながら対話を進めていたのです。しかもリモート環境になったことで、もともと部長→マネジャー→メンバーのタテの関係に閉じがちだったコミュニケーションが、同僚への相談機会もなくなり、完全にタテの単線になってしまっていました。

そこにヨコのつながりを設けて自分の対話のありようを客観的に把握する、言い換えれば、タテに閉じていた1on1について組織的かつ即時的に仮説検証の精度を上げていこうと考えたのです。

「マネジャーたちをTeamsの部屋に入れて、コミュニケーションをどんどん促していきました。やったことをすぐチャットベースでテキスト入力することで、多方面のフィードバックがすぐにできる、という利点があるからです」（植村さん）

ただし、最初からチャットが盛り上がったわけではありません。文字に残るということもあってか、おっかなびっくりという雰囲気もあり、部によってばらつきもありました。考えてみれば当然だと思いますが、みんながすぐに本音を述べる＝書くというわけにもいかず、初めのうちは「うまくいった事例」ばかりが目についたそうです。

その流れを変えたのが、部長がチャットに参加したことでした。

「当初から部長にも参加してほしいと言いつづけていました。こういう状況ですので、場数を踏んでいる部長でも正解を持っているわけではなく、マネジャーと同じように悩みを抱えている。そこで、部長以上はすべてのチームのチャットルームを見られるように設定を変え、部長に巡回してもらうようにしました。そこで交わされる対話を見て、部長自らが失敗例を書き込むようになったことで、潮目が変わりました。悩んでいることを本音で投稿すると、いろいろな人が反応して書き込むようになり、みんなが助かるということを実感するようになりました。みんな〝喉が渇いていた〟ということだったのです」（植村さん）

中島さんも、マネジャーたちのチャットでの対話を興味深く見つめていました。「Teamsチャットの中で自分が感じたこととか、自分はこうやってるよ、とか、率直な声がスピード感を持って飛び交うのです。それはなかなか壮観でした。正直、エッと思うような発言も時々ありましたが、そこはぐっと我慢しました。私が流れを止めるような発言をしようものなら、瞬時に対話はストップしますから」

マネジャーが試行錯誤を重ねながら獲得した経験知を、仲間とともに共有する。このことは、大きな資産となったと言えます。

マネジャーになって3年目の中野純兵さんは、1つのエピソードを紹介してくれました。

「メンバーに時短勤務の方がいて、時間が限られる中で自分がやりたいことをどう実現していくか、というところで、サポートする立場の私も、どのように寄り添えばメンバーのためになるのか、悩んだときもありました。そのときに、チャットでの会話で同じような事例があったことを思い出して、検索して読み返したのです。それは本当に参考になり、助かりました」

誰かの課題について、同僚が経験を伝える。そのチャットでの対話はそのままデータベースとなって、時間が経っても次の誰かの役に立つ。そのような好循環が生み出されていったのです。

加えて、Teams上で心理的安全性が確保されていることも注目すべき点です。もともとコミュニケーションが豊かな社風であり、メンバーは「見てくれている」ことは日々感じて安心できていました。ただこうしたタテの関係はありながら、マネジャーはこれまでヨコに相談することはありませんでした。それが、Teamsという場で、部長の積極的な働きかけを借りながら心理的安全性を構築し、マネジャー間というヨコの関係で擬似的に1on1が行われているような状態をつくりあげたと言えるでしょう。気づきが共有され、それに対する前向きなコメントが循環するこの場を支えたのは、第3章の1－❷「具体的なエピソードをもとに現状を確認し、『見ている』と気づかせる」（118ページ）や1－❼「気づきを肯定する」（120ページ）といった心理的安全性を確保するコミュニケーションの型だったと想像できます。

マネジャーの9割、メンバーの8割が効果を実感!? メンバーは1on1で何を学んだのか

タテに閉じていた1on1は、ヨコに開かれることによって質的に変わっていきました。相互にフィードバックを投げあうことによって、マネジャー自身がそれぞれの持ち味を再認識し、あるいは内省することによって、価値観やマネジメントの基準を磨くことになったのです。言ってみればマネジャーが孤立してそれぞれ行っていた1on1が、57on1へと進化した、ということになるでしょう。

組織長へのアンケートでは、「メンバーの持ち味を味わえるようになった」「メンバーの主体的な学習や行動が増えた」など、約9割が1on1の変化を実感するというコメントをし

たそうです。

一方、メンバー側からも肯定的な評価が相次ぎました。「業務のこと以外の、個人に対して向き合ってもらう時間が増えました」「1on1の時間が一番楽しみです」など、77・8％が有意義な機会になっている、と回答しました。

前出した松田さんの部下である早川浩平さんは、このように評します。

「自分の負荷がかかっている部分の重荷を下ろすというか、一緒に持ってもらえるみたいなところがあるかな、と思っています。重荷だけでなく、自分が楽しいと思っていることだとか、仕事でもプライベートでも、共有できる場があるということが気持ちを楽にさせてくれるところがあると感じます」

この言葉からは、上司である松田さんが部下の早川さんの価値観を丁寧に拾い上げ、互いの前提条件が共有されていることがうかがい知れます。第3章の1－❺「相手の価値観を言語化し、前提条件を共有する」（119ページ）で見た通り、相手が大事に考えている価値観を言語化することは、マネジメントのための基礎情報となります。

また、中野さんの部下である大隣崇裕さんは「対話によって、視座を上げ、視界を広げてもらえています」と言います。

「普段は顧客のほうを向いてずっと仕事をしているので、どうしても視界が狭くなりがちになる、と感じています。そこで1on1で話をすることで、今の仕事の進め方はどうなんだろうとか、少し先を見据えて考えることができます。自分の立ち位置を引いてみることができる、という言い方もできると思いますが、週1回1時間というのは、そのように使えていると思います」

ここでは大隣さんが自らの仕事の進め方について自分で考えていることが読み取れます。おそらく上司である中野さんは、答えを伝えるのではなく対話の中で大隣さんに考えるよう促しているのだと思いますが、これは第3章の1-❸で見た「答えをすぐに提供せずに、問いかけで相手に解決策を考えさせる」（119ページ）の型と言えます。加えて、2-❻「承認して背中を押す」（130ページ）ことで、先を見据えて考えることが可能になっているのだと思われます。

今後の課題は1on1で事業の競争優位をつくっていくこと

正解が見出しにくい現在にあって、外的な同一基準で正解を求めるモノロジカルなアプローチによるマネジメントは成果につながりにくいのではないでしょうか。旧リクルートキャリアが実践した57on1へのチャレンジは、互いのよさを引き出し、内的な基準を育むダイアロジカルなマネジメントです。まさに1on1ミーティングの本質を実現する取り組みといえるでしょう。

「リクルートには、もともとメンバーとのコミュニケーション機会が当たり前にありました。リモート環境で少し形は変わりましたが、〝1on1をやっている〟と〝1on1で何かをやる〟の違いが、いいほうに作用したのではないでしょうか」と植村さんは言います。「とはいえ、今はまだ、1on1でメンバーの成長を支援するところで止まっていると思います。今後の課題として1on1で事業の競争優位をつくっていくことに、もう少しつなげていきたいと考えています」

column

1on1について本当はどう思っているのか？マネジャーとメンバー双方の本音を探る

――マネジャーの立場で1on1をどのように進めていますか？

中野　週1回1時間、定例（1on1を指す）をやっています。内容は、売上などの成績のような各論ではなく、雑談を含め、今後こういう方向でやっていきたいという能力開発などの話をすることが多いです。

松田　そのときの雰囲気で話を進めていきますが、冒頭で〝先週はどんなことをしたの？〟という話から、徐々に業務の話に入っていきます。特にアジェンダは切っていなくて、そのときの流れでお互いにしゃべりたいことをしゃべっている感じですね。

――メンバーの立場で1on1の意義をどう感じていますか？

早川　雑談ベースで自分がどういう状況にあるかということをざっくばらんに話せることで、重荷を一緒に持ってもらえるみたいなところがあるかな、と思っています。

大隣　自分の持ち味って何だっけ、じゃあ、そこを伸ばすためにどうすればいいんだっけ、という観点で言うと、そこには抜け漏れがあって、1on1で〝ここをもっと伸ばすことが中長期には必要じゃないの？〟というように示唆をもらえます。そこから自分を俯瞰《ふかん》的に見たり、そのテーマについてもう少し深く考えていったり、1回抽象度を高く上げてもらってから、もう1回具体に落とすみたいなことがあったりするのかな、と捉えています。

――マネジャー同士のコミュニケーションで、メンバーへの働きかけが変わることはありますか？

中野　松田は私とタイプが違うので、〝もっとこういうところを伸ばしていったほうがいいんじゃないの〟とか、全然見えるものが違ったりしますね。そういうアドバイスが自分にもためになるし、大隣さんにも伝えられるのがよかったですね。

――Teamsのチャットも役に立つようですね。

松田　メンバーとの向き合い方に対してアドバイスをもらえたのはよかったです。チャットでは、話したこともないマネジャーが部を越えて声をかけてくれるので、一気に答えが何倍にもなります。僕はまだマネジャー歴が浅いので、それを見て勉強することのほうが多いです。

――マネジャーはメンバーによって関わり方を変えているのでしょうか？

中野　変えていると思います。私は尖ったメンバーと対応するときには、立ち位置ははっきりさせるというか、自分はこうです、あなたは尖《とが》っているからこういうところは自分から見るとすごくいい、でも逆にここはもったいないから、ここをこう伸ばしたら尖った部分ももっと伸びるのに、みたいな話をすることがあります。無理に合わせることはないけれど、相互理解だけはちゃんとしよう、ということは意識しています。

松田　リクルートの中にはいろんな性格診断のツールがありますから、事前に診断結果をもとに、どういう人物タイプで、どういうコミュニケーションを取るのか、どういうものの考え方をするのか、全員分を頭の中に入れることが1つ。あとは話している中で、その人がどういう欲求を持っているかをよく考えています。

――お話を伺っていると、マネジャーへの信頼を感じます。その信頼はどうやって生まれているのでしょうか？

大隣　一番思うのは、自分のことを理解してくれているな、と感じていることです。だから、わがままが言えます。これをやりたい、あれはやりたくない、みたいな。清濁併せ呑《の》んだうえで、これは大事だよねというアドバイスをもらえるので、そこはすっと入ってきます。

早川　対話の頻度だと感じます。週1回というのがキーで、昨年4月に松田さんがマネジャーになって、週ごと月ごとに状態が変わる中でずっと見てくれています。その積み重ねがあるから、よくわかってくれている。わかってくれているからこそ、こういうアドバイスをしてくれているのだな、という安心感があります。

――あらためて1on1の価値についてお話しいただけますか？

中野　研修前は、それほど価値を感じていませんでした。目的がメンバーとの関係性をよくする、心理的安全性を確保するみたいなところもあったので、仲よくなってくれればくるほど30分でいいかな、みたいになりがちでした。それが、もっと1on1で気づきを与えたいとか、もっとメンバーのことを理解したいとか、こちら側の欲求が出て、1時間になったということだと思います。そう思うようになったきっかけは、1つはHOWを教えるのには限界がある、と思ったことです。ちょうど前期の4月に転勤になりました。転勤先のこともわからない、緊急事態宣言で会えない、という状況下で今の組織がスタートしているので、具体的に細かいところをどうやったら売れるのかなどが見えない中で、みんなが内発的動機でがんばってくれるのが一番パフォーマンス最大化の近道だな、と感じました。

それまでずっと同じ地域でやっていたのが、初めての転勤で見知らぬ土地に来て、担当の領域も変わったときに、何もわからなくなったんですよ。そのときに一から何かを教えようというのができないな、という諦めもあって、それで切り替えられたんです。

——1on1をさらに進化させるための課題などはありますか?

中野　いろんな人が関われるといいなと感じています。一部そういう取り組みみたいなものもあって、だから僕も早川と斜めの関係で面談させてもらったりということもあるんですけど、異動のタイミングなどもあって半年に1回とか、1年に1回ぐらいしかない。それを今回のようなやり方で、みんなで育てるみたいなことがもっとできたらいいな、と思っています。

松田　より早く深くその人のことを理解できるようになりたいと思っています。僕はこの組織が長いので、お互いのことがよくわかっているという部分もあるのですが、異動のたびにまたゼロから時間をかけてやってくのかと考えたときに、1日も早く正しく理解できるか、ということには改善の余地があるかなと思います。

大隣　個人的には満足度が高いのですが、強いていうなら、気づきからどう自分の仕事だったり能力開発だったり、自分のWILLみたいなものにつなげていくかでしょうか。自分自身の課題ということですが、話をして、気持ちよくなって終了、みたいなこともたまにあったりするので。より具体のところにつながっていくと、もっと自分のためになるでしょう。

早川　自ら率先してマネジャーから何かを得に行く、ということが課題かもしれません。こういうアドバイスをもらいたいとか、何か1つテーマがあるほうが、話が発展する場になるのかな、と思います。

1on1によって、僕の場合は大きな変化があって、モチベーションの変化の波がなくなり、お客さまとの向き合い方も変わってきたと思っています。

CASE1 事例解説

「マネジャーは万能じゃない」すべてはその認識から始まる

私の仕事上のパートナーでもあるコンサルタントの廣瀬信太郎さんは、リクルートがあらためて1on1を磨き込むことの端緒をつくった方です。リクルートのOBでもある廣瀬さんと、この事例をもう一段深く解説します。

■「何のために1on1を導入するか」を明確にする

由井　いろいろな会社と関わってサービス提供をしてきた中で、リクルートほど1on1を自分のものにして進化させてきた会社はないな、と思います。こうするのが一般的、というのではなく、自分たちの組織で最も力が出せるのはこう使うことなんだ、と研究して膨らませていくところが素晴らしいと感じます。

廣瀬　私は、そもそも彼らが1on1を始めるという最初のところに関わりましたが、リクルートはつくづく現場の主体性を重視している会社だと感じます。事業部長の中島さんは、とことん人と現場を信じておられますよね。彼自身は、最初のセルモーターみたいなもので、ことが動きはじめると環境づくりとともに温かく見守る役目。あとは現場が、「自分たちでやるぞ」と立ち上がって、結果彼らは１ｏｎ１を自分たちのものにしている。

由井　最初から、事業の競争優位につなげようということを意識していますよね。

廣瀬　そうです。現場での小さなチャレンジの中から「芽」を見つけて、それを事業にフィードバックする構造をつくりたい、と最初から言っておられました。実は、これはリクルートのＤＮＡそのものです。また、「芽」を見つけて、事業の活動につなげるのがマネジャーの役割だとも言っておられます。彼は「編集」とよく言うんですが、マネジャーの力量によっては現場の「芽」を見過ごす人もいる。メンバーが話すお客さまに関する会話から、これは少し違和感がある、とか、これは何か新しい事業や取り組みのヒントになるんじゃないかとか、いくつかの案件からそれをつかみ取って編集して提言を出せるかどうかがマネジャーの力量だと。１ｏｎ１の磨き込みがスタートしてここまでに３年かかっているけれど、メンバーのチャレンジを促す仕組みはでき上がって、いよいよ現場の「芽」を事業活動に吸い上げていくステージに入ろうとしています。

由井　論理的にバランスが取れた戦略がいかに描けたとしても、それを進めていくのは生身の人だ、ということが、よくわかっているということでしょう。

廣瀬　中島さんの視界はつねに短期と長期、そして個人と組織というマトリックス。そこで経験学習のサイクルを回せば、個人の成長にも、組織の成長（組織学習）にもつながる。それを事業部700人の中で回そうとされたんです。そういう構図をつくって、時間をかけて地道に取り組んできたということですね。

由井　1on1を導入する際、コミュニケーションをよくしたいというところだけに視界が向いていたり、個人にしか、あるいは短期にしか向いていなかったりするケースが見られます。中島さんは、それらをバランスよく見ています。そして、あるべき姿にみんなが気づいていくために戦略的に動いています。そこがブレてしまうと、忙しいのに時間を使って何のためにやってるんだ、ということになりかねない。

■ メンバーの「強み」をいかにしてつかむか

由井　今回、57on1につながる仕組み化であるとか、現場でしっかり自分ごとにして回していくとか、それもすごいなと思います。そのような絵を描ける経営者はいるかもしれないけれど、現場にちゃんと浸透させることができる人は、そうはいないでしょう。

廣瀬　だから、きっかけはつくるがあえて最後まで自分でやろうとはされていないですよね。当たり前ですけど。変に彼が介入してしまうと、現場が自分ごとにできない。そういう「際」がわかっておられるわけです。
　仕組みという言葉が出ましたけど、最後は「仕組み」に落とすんですよね。成長もしくはそれに関わるとは何かなど、抽象的な問いを徹底して自分の体験と照らしながら深掘りし、自分たちの言葉や解釈として具体化し、共通言語やフレームにしてマネジャー57人が会話しているということです。

由井　マネジャーの言葉で印象的だったのは、今まではメンバーの強みを活かそうと思ってやっていた。でも、講座を受けてから、メンバーが力を出せること、そこにエネルギーを注げることに注力させたほうがいいんだ、という。微妙な違いですけど、大きな違いだと思います。強みを伸ばす、と言っても、それが本当に強みなのか、本人もわかっていなかったり、マネジャーも本当のところわかっていなかったりする可能性がある。また、強みは、たまたま顕在化しているから見えているだけで、潜在的なものは見過ごす恐れもある。

廣瀬　メンバーを自分の小さな枠組みや解釈の中だけで決めつけるのはよくありませんね。メンバー自身も自分の強みやモチベーションの源泉を明確にできている人は少ないように思います。いい意味で異なる個性を持つマネジャーが関わるからこそ、メンバーが自分の個性に気づいていく。相互作用の中で見つかる持ち味を、どのように業務に活かすかをともに考え実行することが1on1の大切なところだと考えています。

■「学び直し」の勇気を持つことがもたらす効果

由井　彼らは1on1を「定例」と呼びますが、上司と部下との1対1のコミュニケーションは当たり前のこととしてずっとやりつづけてきました。でも、もう1回、基本に立ち返って、それをより有効な場にするために学び直しから始めました。勇気のある決断というか、そこはできているから飛ばそうよ、ということもあり得たと思います。

廣瀬　それもすごいと思いますし、それでも現場の動きを今後の事業のチャレンジにつなげるぞ、というほうも手放していないんです。どっちも握りつづけている。

由井　そこで統合ができているわけですよね。現場の話に戻すと、もう1つ印象的だったのは、「自分が背負っている重荷を下ろす、マネジャーが一緒に背負ってくれる場だ」と言ったメンバーがいました。上司と部下ではあるけれど、一緒に仕事をしているという感覚。理想的だな、と思わせる言葉でした。

■「マネジャーは万能ではない」と認識することから始めよう

廣瀬　マネジャーを等身大で見ているというのが、非凡なところ。マネジャーもひとりぼっちで仕事をしているし、他のマネジャーはどうしてるんだろう、と気になるだろうし。「管理職たるもの！」と言いがちなところ、そこを解放しているのは絶妙ですよ。

由井　そもそも1人で見ることに限界があるよ、というふうに置けたところがすごいし、マネジャーが与える影響は10～20％である、とファクトをとってそうしているというところも秀逸です。

廣瀬　HOWを教えるのにも限界がある、というのも、その通り。たった1人のマネジャーの経験が、メンバーが現場で直面するあらゆるケースにおいて正解とは限らない、というところを謙虚さも含めて理解している。また1人の個性や知恵を持つマネジャーが1人のメンバーに関わる構図を、より多くの個性や知恵からメンバーが恩恵を受ける形に変えたところに、人の個性や知恵をダイナミックに扱うリクルートらしさが出ていると思います。

由井　これは、リクルートの中にある暗黙の人材観・マネジメント観と言ってもいいかもしれません。人の可能性を最大限信じている一方で、人はそれほど強いものではないという前提のもと、指示命令や人事評価だけでは人が動かないということも織り込みずみ。「心理的安全性」という言葉が聞こえてくるずっと前から、どうすればメンバーがもっと楽しく前向きに、安心して仕事に取り組むことができるのかを考えつづけてきた組織だからできることなのかもしれませんね。

プロフィール

廣瀬信太郎（ひろせ・しんたろう）◆1987年リクルートに入社。人事部を経て1989年HR事業部門に異動。コンサルタントとしてHRM、HRD、OD領域で支援活動。現在は株式会社HR-QUESTで取締役を務める。

CASE
2

アジャイル組織の課題「顔の見えないメンバーをどう導くか」

▶内的キャリアを刺激する1on1でより深い関係構築に成功

MSD

課題

アジャイル組織を取り入れ、業務がスクワッドと呼ばれるチームベースになったため、人事上の上司と部下との間に、日常的な仕事の接点が減ってしまった。

深層

階層的な組織からフラットな組織への変更で、メンバーにとって、キャリアのステップが見えにくくなった。

対応

キャリアに関する研修で、内的キャリアの重要性についての理解を促した。その際、もともと実施されていた1on1をその目的に即して運用できるように研修を実施した。

成果

アジャイル組織に導入したところ評判がよく、営業部門や研究開発部門でも関心が高まり、1on1の取り組みが活性化した。

「クロス・ファンクショナル」な組織へと進化した大手医薬品メーカー

ＭＳＤの事例は、新しい組織マネジメントの導入にともない、１ｏｎ１のブラッシュアップを検討する際に、私が研修講師を務めたものです。

日本のＭＳＤは、旧万有製薬がグローバル製薬企業（Merck & Co., Inc., Kenilworth, N.J., U.S.A.）の傘下に入った後、２００９年に同社がシェリング・プラウと統合し、日本法人も２０１０年にＭＳＤと名称変更して再スタートしました。

外資系企業であるＭＳＤでは、１ｏｎ１はすでに実施されていましたが、この数年は特に成長にフォーカスした対話を重視し、いくつかの取り組みを進めていました。

その後、アジャイル組織に移行する際、これを１ｏｎ１を強化する絶好の機会と捉え、実行することになりました。まず、このアジャイル組織について説明しましょう。

アジャイル組織とは、従来型のピラミッド型組織とは違い、ソフトウェア開発で取り入れられているアジャイル開発の概念を、開発部門だけではなく組織全体に適用する考え方です。図に示した通り、この組織ではスクワッドと呼ばれるチームを基本単位にして、ビジネスに取り組みます。いわゆる「クロス・ファンクショナル」な組織のあり方です。

「事業を取り巻く環境が非常に激しく変わってきて、今までの階層的な組織によるトップダウンでは変化に対応しきれなくなる恐れがありました」。人事部の戸村玲子さんはこのように説明します。「今まで経験したことがない問い、そして答えがすぐに出ない問いに答えていかなければならない。そうすると、上位者が正しい答えを知っていることが前提の、トップダウンを基本とする組織形態はワークしません。決断が遅くなる一方、いいアイデアが吸い上げられないという恐れがあります。高いレベルのアウトプットを出していかなければならない、という課題に応えるのがアジャイル組織でした」

スクワッドは組織の枠を越えて、それぞれの専門性を持ったメンバーで構成されます。短いサイクルで業務を回しながら、顧客などからのフィードバックを受け、それを反映させて施策を企画し実施していき、複数のスクワッドがシンクロしながらプロジェクトに取り組む、という組織運営です。

アジャイル組織の構成

・共通の目的やゴールを持つ部門横断的で、フラットなチームの集まりであるユニットを新たに設立

・共通の目的やゴールを持つ自律的で部門横断的なチームであるスクワッドがユニットを構成

・スクワッドのメンバーは、共通の専門性によって結成されたチームであるチャプターから人員を集めて構成

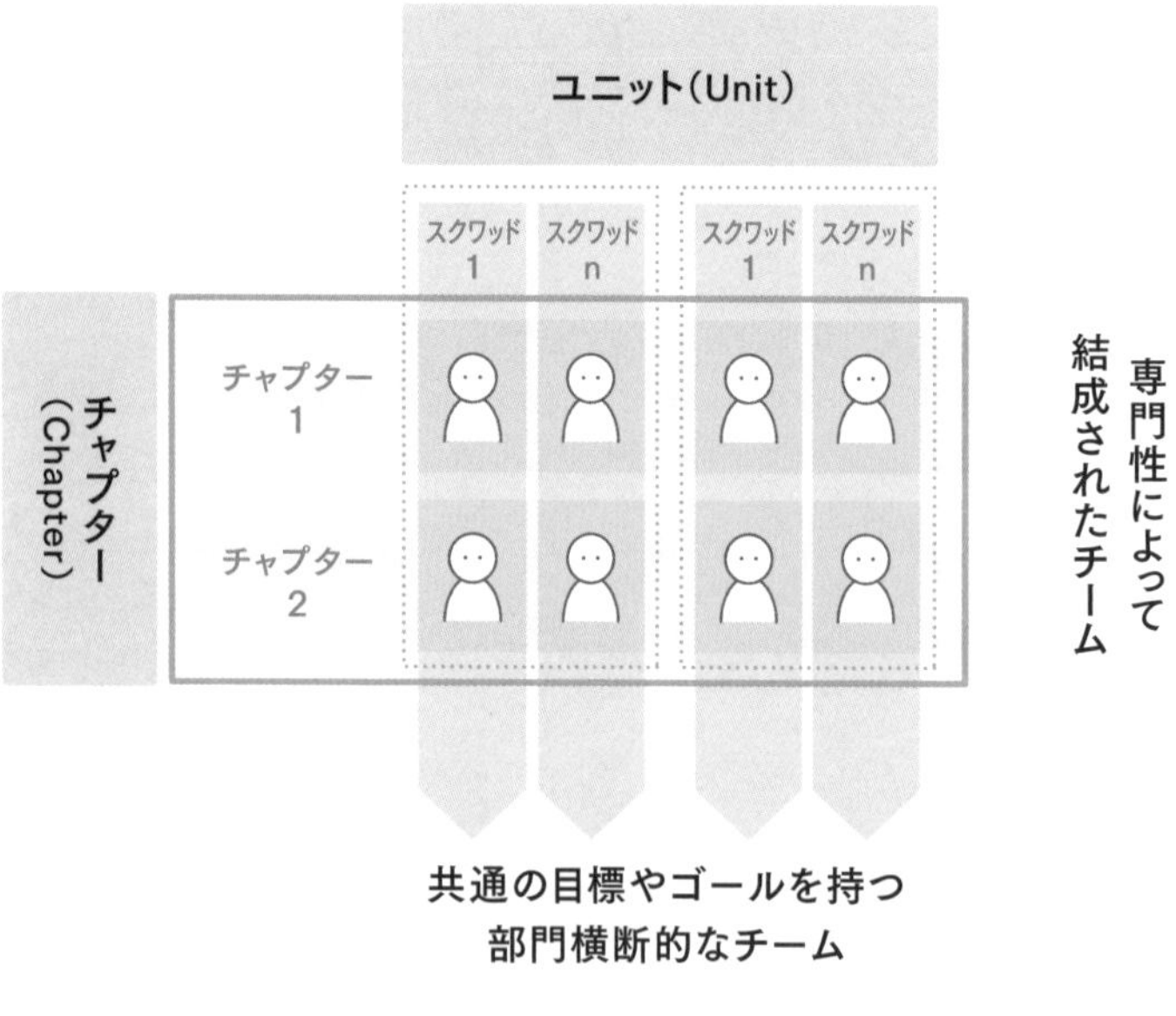

スクワッドには部署を越えて、さまざまなバックグラウンドを持つメンバーが集まっていますから、お互いの業務を理解したりサポートしたりすることで業務がスピードアップすると同時に、各人の成長が加速することが期待できます。旧来型の組織であれば部署ごとに人が固まっていて、自分たちの専門性は深まるけれど、他部門の人が何をやっているのかがなかなかわからない、という状況でした。

アジャイル組織の弊害「姿が見えない部下をどう導くか」

ただ、アジャイル組織にはビジネスのスピードが上がる反面、難点もあります。それは、マネジャーにとって人事上の部下たちがさまざまなスクワッドに散っているため、日々、どういう業務をしているかわからない状態になることです。そこには姿が見えない人事上の部下の育成と評価をどうするか、という課題が発生していました。

このことはメンバー側からすると、人事上の上司が、日々自分たちのことを見てくれているのだろうか、という不安をもたらすことになります。

課題は大きくは2つ。業績評価をどうするかと、キャリアのステップをどう示していくか、でした。

特にキャリアについては、従来型の階層的な組織であれば、ある専門性の中でマネジャーとなりディレクターになるという明瞭なステップがありましたが、アジャイル組織はフラットな形態なので明確なステップがなく、キャリアが見えなくなった、という声も聞かれたのです。

そこで、課題解決のための手段として、1on1を強化することになりました。

「コーチングについては、営業組織をはじめ継続的に取り組んでおり、新任管理職研修でも取り上げてきました。一方、その後のフォローアップの機会が少なく、どうしても自己流になってしまう部分がありました。また、キャリアについての懸念もありました。〝キャリア〟と言うとどうしても昇格やポジションを思い浮かべる社員が多く、もう少し広い意味での自分なりのビジョンを考えてもらいたいと考えました。そのためには、まずマネジャーが学ぶ必要があったのです」(戸村さん)

メンバーが主体性を発揮することをコーチング的関わりでフォロー

1on1を強化するうえで、取り組んだことは、マネジャー層を対象に研修を実施し、丁寧なコーチングによってコミュニケーションを図ること、そして、内的キャリアに対する理解を深め、1on1でフォローする習慣を定着させることでした。

実際にアジャイル組織に組み込まれたマネジャーは、メンバーとのコミュニケーションについて、どのように感じていたのでしょうか。マーケティング&エンゲージメント部門でデジタルマーケティングを担当する森康晴さんは、こう言います。

「新しい組織マネジメントの中で、私の役割のうち7割はスクワッドのメンバーとして業務に取り組むことで、3割がスクワッド・メンバーの育成責任を持つチャプターリードとして行動することです。従来の管理職と違うのは、デイリーの業務は管理しないことで、人事上の部下の日常は見ることができません。評価についてのアプローチは、クォーターの期初に目標を設定して、1on1によってどこに注力するかを部下自身に考えてもらいます。以前は、この1on1が本当に部下のパフォーマンスを引き出すのに役に立っているかどうか、疑問でもありました。それが今の組織では、意識してコーチング的な関わりをすることになり、部下の主体性が生まれていると感じます」

このことは、メンバー側にはどう映っているのでしょうか。森さんの人事上の部下である中嶋桐子さんに聞きました。

「森さんとは、日常的に一緒に仕事をするわけではありませんし、レポーティングラインの関係にもないので、通常の上司・部下という感じではありません。人事評価について最終的な判断は森さんがされますが、その判断は事業部のリーダーや、ともに働くスクワッド・メンバーからのフィードバックに基づいて行われます。

森さんとの1on1は、なんとなく悩んでいることについて私から共有させていただく形で始まることが多いです。それに対して森さんが適切に質問してくださって、話しながら考えることによって方向性が出る、みたいなことがけっこうあります。そのような時間が個人的には一番ありがたいです。直近の四半期は3週間に1回ですが、次の四半期は2週間に1

回にしていただこうと思っています。3週間に1回だと、スタートポイントが一度白紙になってしまうので、少し間隔を短くしたいと感じたのです。

上司との関係は変わったと思います。自分で考えなければならない部分が増えました。お題の与えられ方が、よりふわっとしていると思います。自分もそうですし、一緒に働いているスクワッド・メンバーもより広い裁量が与えられているので、メンバーで議論し意思決定したことがダイレクトに活動の方向性に反映されます。ですから私にとっても、スクワッドにとっても、すべての点において今のほうがいいと思います」

両者の話からは、第3章でも散々繰り返した「テーマは部下から出してもらう」ことがうまく実践されていることがわかります。この型は、メンバー側の主体性を引き出すことにもつながりますが、実際に中嶋さんは「自分で考えなければならない部分が増えた」と言っています。

また、中嶋さんの発言からはマネジャーである森さんがうまく問いかけていることも伝わってきます。第3章の**4**-**5**「相手の気づきを繰り返し、より深い内省を促す」（152ページ）でも説明した通り、適切に問いかけを行っていくことでメンバーは自らの経験を学びに変えていけるのです。

もう1点の内的キャリアについては、以前とはコミュニケーションの質が変わったのでしょうか。

「研修で教えていただいたライフチャートとWILL、CAN、MUSTのフレームワークを、メンバーとも共有しました。自分の価値観やかつての失敗などをライフチャートの中で示して、共有するというものですが、これはとても有益でした。お互いの価値観を知ることができ、私とメンバーとの間の関係性が深まったと思います」（森康晴さん）

これについては、中嶋さんも近い感触を持っているようです。

「このようなツールを使って内省するということ自体が価値あるものだったと思います。過去を振り返ることで、〝今後はこういう能力開発をしたい〟という方向性が浮かび上がり、結果自身の未来について再確認するいい機会になったと思います」

ライフチャートを作成し内的キャリアを明確にする

ここで、話に出てきたフレームワークについて、説明しましょう。

キャリアには、内的キャリアと外的キャリアの2つの側面があります。外的キャリアは、仕事の内容や実績、組織内での地位を意味しますが、このことだけに捉われず、もう少し広いビジョンで考えてほしい、というのが人事サイドの考えでした。つまり、仕事に関する動機や意味づけ、価値観に当たる内的キャリアへの理解を深めてほしい、ということです。

そのためのフレームワークの1つがWILL、CAN、MUSTモデルです。「WILL＝やりたいこと」「CAN＝できること」「MUST＝やるべきこと」、この3要素を満たすときに、人は大きなやりがいを感じるとされており、研修では、この3つのバランスが取れているかどうかを仕事の現状から考えていきます。これが内的キャリアを明確にするための基本作業となります。

もう1つのライフチャートは、今までの仕事経験を振り返り、モチベーションが上下した経験や、感情が大きく揺れ動いた経験を思い出し、主な出来事を曲線で表すというワークです。実際の研修では、事前に個人作業としてライフチャートを作成してもらい、研修当日は二人一組になって、ライフチャートから読み取れるお互いの特徴を整理します。そして、お互いの特徴を整理した後、それぞれのＷＩＬＬ、ＣＡＮ、ＭＵＳＴシートを作成する、というプロセスです。

これらのワークによって、日頃は意識することの少ない仕事への思いや、将来に対するビジョンが明らかになります。このような作業によって、アジャイル組織への移行で見えにくくなったキャリア・イメージを捉え直そうとしたのです。

研修後の反応について、人事部の戸村さんは言います。

「管理職レベルの理解は深まっていると思います。みんなの反応もとてもよく、内的キャリアは共通言語になりつつあります。管理職のあいだで、部下育成について問題意識があったのだと感じます」

傾聴・質問・承認の3つのスキルが、現場に変化をもたらした

ＭＳＤでは全社レベルでアジャイル組織へと変革しましたが、ユニットやスクワッドの組織構造を取り入れたのはマーケティングなどの本社のコマーシャル部門のみでした。それ以外の営業、研究開発、製造などの部門は、従来の組織構造のままでした。しかし、コーチング的な関わりと、メンバーに対する理解を深めるため、１ｏｎ１研修は営業部門、研究開発部門のマネジャーも受講しました。それによって、現場にはさまざまな変化が生まれているようです。

「傾聴することが習慣として身につきました」。プライマリーケア・ワクチン営業部門で川越南営業所長を務める沖田雅代さんは、このように言います。「１ｏｎ１中、相手の話の途中で〝それは、こうしたらいいのでは〟などと思うこともありますが、結論を出すこと、管理職としての判断をすることは全部聴き取ってからでいいかな、と思えるようになりまし

た。そうすると相手も〝聴いてもらっている〟ということを受けて、いろいろなことを話してくれますし、私が考えていた解答に近いことを話しながら自分で導き出す場面も多々あります。自分で決めてくれているので、実効性が高まってきた、ということもあります。フラストレーションがないことはありませんが、私の中で傾聴のスタイルが定着してきました。そのほうがうまく回る、という自分の中の感覚があります」

これは、まさに第2章で見た傾聴のスキル「相手が間違っている場合でも、しっかり聴いて受け止める」（77ページ）に他なりません。わかっていても使いこなすことの難しいこのスキルを使いこなしたうえで、さらに、第3章で解説した1－❸「答えをすぐに提供せずに、問いかけで相手に解決策を考えさせる」（119ページ）という「型」も併用しています。この後に登場する沖田さんのチームメンバーのコメントからも明らかですが、こうした沖田さんの働きかけにより、チームの中には心理的安全性が育まれています。

「承認ということも、もともと気をつけていたつもりですが、より意識するようになりました。メンバーの成果を具体的に褒めるというか、一緒に喜ぶという感じでしょうか。もっとも、私はただ喜んでいるだけなんですけど」（沖田さん）

このようなマネジャーの姿勢は、メンバーにも響くようです。

「いいチームを一緒につくっていこうね、というスタンス。それがすごく伝わってきます」。メンバーの森康秀さんは、そのように評します。「柔らかいリーダーシップというのでしょうか。いろいろなところに愛情が見え隠れしています。1on1は1対1、もしくはもう1人のリーダーを交えて3人で行うこともありますが、どんなことであれ、さえぎらずに受け止めてくれて、そこから、〝どうしてそう考えたんですか？〟と聞いてくれます。重きを置いているのは、おそらくコミュニケーション量ではないかと感じています」

これは沖田さんの持ち前のキャラクターが反映されている面もあると思いますが、「スタンス」がメンバーと共有されていることをここでは指摘したい。1on1のスキルがうまく働くのは、目の前のメンバーと向き合うマネジャーのスタンスがあってこそ。そうしたスタンスを下支えに、傾聴・質問・承認のスキルが駆動していることを、読み取ってほしいと思います。

フィードバックの仕方次第でモチベーションも強みも伸ばせる

「パフォーマンスのフィードバックの1on1で、〝あなたと接してきた中で、今会社から求められているレベルとして達していないところはここだと思います〟と具体的に指摘したことがありました。〝それを克服することで、向上するね〟と」

東京城東第1営業所の所長を務める沖口裕二さんは、自らの経験を語ってくれました。

「そのメンバーは、すごく感謝してくれたのです。〝今までは言われてこなかったので、自分がなぜ前に進めなかったのかがわからなかった。それをはっきり言ってもらえて課題が可視化されたし、そこにチャレンジしようと思えました〟と。それを聞いて、とても嬉しかったですし、実際に本人のモチベーションがそこからぐんと上がりました」

おそらく、そのメンバー自身がジレンマを感じていたのでしょう。そんなとき、第3章の

3－❻「状況整理と期待値をセットで伝える」（141ページ）というフィードバックのための「型」を実践したところ、逆に部下から感謝された。さらに、課題が可視化されたと言っている点にも注目してください。フィードバックの仕方次第で、モチベーション向上や強みの伸張につながるだけでなく、実際の課題解決にもつながることがよくわかるのではないでしょうか。

こうした沖口さんのコミュニケーションについて、メンバーも好感を抱いています。メンバーの佐藤淳也さんに聞きました。

「スケジュールが埋まっていない限り、必ず営業に同行してくれます。8人のメンバー全員とです。だから、メンバーの得意先の状況もすべて把握できているし、プロセスを見てくれているからこそ、成功したときに一緒に喜んでくれるのでしょう。1on1では、聴く姿勢を感じますし、基本は否定しない。やってみてダメだったら、また考えようか、と言ってくれるので、〝やってみるか〟という気になります」

佐藤さんの言葉からは、沖口さんが傾聴のスキルの一丁目一番地である「否定せずに最後まで聴く」が実践できていることがわかります。さらに、失敗したときに頼っていいことをさりげなく伝えているのもポイントです。第3章の3－⑩にある通り、「助けはいつでも求めていい」（142ページ）ことがきちんと伝わっているのが見てとれます。だからこそ、メンバーは安心してチャレンジができるのでしょう。

ポストなどの外的キャリアではなく、本人の内的キャリアを深掘りできるかがカギ

一方、内的キャリアについての1on1は進んでいるのでしょうか。

「MSDにはMRアセスメントというのがあって、いろいろな評価項目の中で、どこが強みでどこがウィークポイントかを確認するというツールがあります。それをメンバーそれぞれのキャリアの志向につなげるために、強みをこう伸ばそうか、という話をしますから、キャリアとの連動はその都度しているかな、と思います。キャリアの話をすると〝その部署、空いてる？〟という異動の話になりがちですが、内的キャリアに即した役割を与える、みたいなやり方でハマった、ということもありました」（沖田さん）

「ライフチャートを書いてみると、成功しているように見える人でもアップダウンがあることがわかりますし、下がっているところはどういう理由で下がってるんだろうと考えさせられたりします。深掘りしていくと、意外とマネジャーと合わなかった、みたいなことが浮き彫りになったりします。WILL、CAN、MUSTのワークを通じて、はっきり認識していなかったけれど実は目指していることがあるとか、メンバーとのディスカッションが深まったところもあります」（森康晴さん）

ここに取り上げた事例は、当然ながらごく一部でしかありませんが、このように全社で一斉にコーチング的な関わりが進み、内的キャリアの重要性への理解も浸透しているようです。

人事部の戸村さんは、ここまでの取り組みを振り返って言います。

「1on1は、以前であれば業務の話をすることが多かったはず。それだけではないのだ、ということが伝えられた意義は大きいと思います。また、今回の取り組みで特徴的だと思うのが、まず本社でやってみて、評判がいいので営業部門でもやりましょう、と広がったことです。ここまでの波及のスピードは速く、私自身もチャプターリードと接点を持つことでさまざまな課題を知ることができました」

column

1on1について本当はどう思っているのか？マネジャーとメンバー双方の本音を探る

――マネジャーの立場で1on1をどのように進めていますか？

渡邊　在籍年数にもよりますが3年目までの若手は最低でも月1回、（立ち話、電話、チャットなどではかなり）手厚くコミュニケーションするように心がけています。また新入社員には若手の世代の近いメンターもつけて、1on1以外にも3人（2on1）で毎週、もしくは2週間間隔でコミュニケーションを取るよう心がけ、雰囲気づくりも大切にしながら、些細《ささい》な世間話から、まじめな話まで本音を言ってもらえるよう試行錯誤しています。（スタディオペレーション部・渡邊隆一郎さん）

沖田　今はリモートワークが中心で、メンバーとは原則的に月に1回の1on1です。活動についての相談など、1時間ぐらいとってやっています。半年に1回、マネジメントプランをテリトリー別につくり、それに基づいた1on1も実施します。みんなの話を聞きながら、どこを刺激すれば開花するかな？　などと考えますね。

――メンバーの立場で1on1の意義をどう感じていますか？

佐藤　1時間のうち45分は私がしゃべっています。考えを引き出してくれる質問がうまくて、気づきや収穫が多いです。

中嶋　私の業務に関して、十分すぎるぐらい把握されたうえで質問をしてくださるので、自分の思考が整理できるというメリットが大きいと感じています。

森康秀　キャリアをテーマにするときには、やりたいことをちゃんと伝えなければいけないと考えています。上司の沖田さんからも、〝本当にやりたいのであれば言ってください、そうじゃないとフォローとかマッチングとか、できるできないがあるから〟と。それで私はマネジメントや本社部門に携わりたい、とお伝えしています。

――アジャイル組織では、1on1がきわめて重要であると感じます。

森康晴　メンバーが取り組む業務は彼らの所属スクワッドの中の優先順位によって決まるので、1on1は、最近どのような業務に取り組んでいるのか聞かせてもらったり、自己開発目標に取り組めているか、ハッピーに過ごせているかといったことを聞いたりする貴重な時間です。メンバーが短期的にも中長期的にもパフォーマンスを最大化できるようコーチング的な関わりをしようと心がけています。

――ここまでの取り組みでマネジャーとして意識や行動は変わりましたか？

渡邊　もともとは、自分は典型的な昭和スタイルだったかもしれません。しかしマネジャーになって、ビジネススクールにも通い、自分がいかに視野が狭かったかに気づかされました。自分が何でも知っていて指導という姿勢では今後必ず限界がくる。よって1on1でどんなに立場が違えど相手から学ぶ姿勢が重要だと感じました。マネジャーという役割を与えられているだけで、別に偉くないわけです。仕事を離れれば、メンバーとも同等だと思いますし。そして相手からのいろいろな刺激を受けて、視野が広がったと思っています。

沖口　マネジャーになって6年目ですが、傾聴については以前より心がけるようになりました。私がＭＲのときも、やはり傾聴してもらっていた時期が最もモチベーションが高かったことも思い出しました。共感してもらい、そこにプラスしてアドバイスしてもらうことで、この人のためにがんばろう、という気持ちになったものです。マネジャーとして紆余《うよ》曲折はありましたし、自分の思いが強すぎて、そのまま言葉にしてしまってメンバーのパフォーマンスが下がったという経験もあります。今は、しっかり話を聴いて、本当の意味で承認して歩み寄る、というのが大事だと考えています。

――最後に、１on１をさらに進化させるための課題などはありますか？

森康晴　１on１の時間が、メンバーにとって、より生産的なものになるようにしたいと思っています。また、メンバーが自主的にさまざまな業務に挑戦できるように後押ししていきたいと思っています。マネジャーがメンバーたちよりも、すべての側面において優れているわけではありません。だから、〝管理〟しても、メンバーのよさを最大限に引き出せないだろう、と思っています。

津森　「将来どうなりたい？」「今年はどこを成長させたい？」とコーチング的な関わりを続けているうちに、メンバーに次のステップを考えた自発的な行動が増えたことが嬉しかったですね。より響く１ｏｎ１にするために、自分のための問いかけではなく、相手のための問いかけになっているか、をさらに問い直しながら実施してみたいと思います。（メディカルライティング部・津森桂子さん）

沖口　試行錯誤で悩みは絶えないですが、メンバーのみなさんに対しても、よりマッチした研修を企画するのも面白いと思います。また、スピークアップの機会を多く設けることは大事だと考えています。上長から部下もそうですし、部下から上長も同じくらい重要と感じています。私自身、「私に足りないところはなんでしょうか」と上長との１ｏｎ１では聞くように心がけています。それを教えてもらうことが一番の成長への近道だと思っているからです。

CASE2 事例解説

「仕事の意味づけ」と「上司の承認」その2つを結びつけて成果を生み出した

MSDの事例は、先進的な組織マネジメントの導入が起点になっており、もしかすると特異な例に見えるかもしれませんが、実はかなり本質的なところを突いていると私は考えています。詳しく解説しましょう。

■先行き不透明な時代、マネジメントの課題とは

リクルートもそうでしたが、MSDも「1on1をこれから始めます」という事例ではありません。一定のビジネス環境の変化によって、そこをさらに強化したほうが戦略上、優位性を保てると考え、あらためて投資をして、お金と時間をかけてコミュニケーションを改善している、という事例です。事業戦略に紐づいており、マーケット変化にもうまく対応して、働く人々をどうやってマネージしていくことがよりパフォーマンスを向上できるかを考えた結果として、無理なく「1on1の強化」という施策にたどり着いているというのがポイントです。「ビジネスの成果を出すための1on1」という観点で、とても意味のある事

例だと考えています。

新型コロナの感染拡大は、業種などを越えて、働くすべての人々を不安に陥れています。加えて、それぞれの業界における競争環境の変化などもあり、先行きについて不透明感が増しています。そこで、どのようにして不安感を低減させ、モチベーションを上げていくかは多くの企業にとって大事なポイントですし、きっとさまざまなアプローチがあるのでしょう。

ＭＳＤが選択したのは、新たな組織マネジメントの導入であり、それに付随しての１ｏｎ１の強化でした（アジャイル組織への移行は、新型コロナ感染症の拡大以前に始まったアクションだったことを付言します）。

「仕事に対する意味づけ」は、マネジャーとの対話でこそ育まれる

マネジャーによるコーチング的な関わりを強めようとしたことに加えて、内的キャリアへの理解を深めて、メンバーが大事にしているものをともに意識しようと人事部が考えたことは、非凡な決断だったと思います。

私が講師を務めて、ＭＳＤの社員ネットワークの１つであるカルチャーアンバサダー主催

で、400人を超える参加者にオンラインでのワークショップを行いました。文中で紹介したライフチャートを描いてもらったほか、先輩に当たる社員に私がインタビューして、仕事への思いや厳しい状況を乗り越えた経験を語ってもらいました。

ワークショップ終了後のアンケートには、「あらためて、自分の仕事の意味づけができた」「等身大の成功事例を聞いて、勇気が湧いた」など、多くのポジティブな声が寄せられました。

世の中全体に不透明感が広がる中では、自分の仕事の意義や目的を見失いがちです。今回のワークショップで多くの参加者が経験したように、自分の仕事と向き合うことは、今求められていることだとあらためて痛感しました。

人がモチベーション高く仕事に向き合う条件は2つあります。

1つは「仕事の意味づけ」で、MSDの1on1では、そのことを多くの人が強く意識するようになりました。自分にとっての意味づけももちろん大事ですが、世の中にとって、また組織にとって、どんな価値があって貢献ができているかを考えることも、カギになります。

そして、もう1つは「上司の承認」だと思います。MSDの事例は、その2つを結びつけるところで成果を生んでいるように思います。

■1on1は仲よくなるためのツールではなく、成果を上げるためのツール

アジャイル組織への変革で組織構造が大きく変わった部門のマネジメント課題に応えることから始めた取り組みでしたが、最終的には従来の組織構造を持つ他部門や一般社員層にまで広がりました。振り返ってみると、起点となったプログラムが、実はどの部門にも通じる非常に普遍的なものだったのだと思います。みんなの不安を解消したり、前向きな思考をしてもらったりするために欠けていたパーツをインプットすることになったのではないでしょうか。

1on1はチームの中で仲よくなるためにやるものではなく、仕事に直結してパフォーマンスを向上させて成果を生むものである、ということこそが、この事例から読み取っていただきたいポイントです。

おわりに

最後までお読みいただき、ありがとうございます。

読者のみなさんに、少しでも1on1を通じたマネジメントのヒントをつかんでいただけたら幸いです。

『ヤフーの1on1』の著者である本間浩輔氏との出会いをきっかけに、100社を超える企業の1on1導入を通じて、各社のマネジメント変革に立ち会ってきました。

多くの場合、導入後の浸透フェーズに入ると、その企業がこれまで培ってきた「人材観」や「マネジメント観」に阻まれ、1on1がスムーズに進まなくなります。それでも1on1を通じてメンバーと向き合い、新たな「人材観」や「マネジメント観」を手に入れられる企業だけが未来に向けて進化していくのでしょう。

環境変化のスピードが速く、IT技術によって競争ルールが大きく変わり、今までの成功体験だけに頼っていては生き残れない時代になりました。

経営学の世界では、「両利きの経営」という概念が注目され、「既存事業の深化」と「新規事業の探索」の2つが同時に求められています。この相矛盾する「既存事業の深化」と「新規事業の探索」を同時に進めるためには、新たな「組織文化」（その企業特有の仕事のやり方や価値観）が必要となります。「組織文化」はそこで働く人たちの「習慣」や「思考の枠組み」から構成され、マネジャーの言動に大きな影響を受けます。つまり、「組織文化」はマネジャーとメンバーの日常のコミュニケーションの積み重ねの結果だということもできます。

また、組織マネジメントにおいては、「組織の心理的安全性」（対人関係のリスクを負うことに対する安全さ）が注目を集めています。雇用形態や価値観の多様化により、チームとしてまとめていくことの困難さが高まる中、組織の心理的安全性を高めることが生産性に大きく影響を与えていると検証されています。

組織の心理的安全性を高めるためにも、マネジャーとメンバーの間の心理的安全性を高めることから始めることが重要です。

上記のような大きな流れもあって、より多くの企業に１ｏｎ１が広がっていったのではないかと考えています（この1年は、コロナ禍によるリモートワークの急増も大きく影響しています）。

特に『ヤフーの１ｏｎ１』が発刊された２０１７年から、実際に１ｏｎ１を導入する企業が急増し、本当に多くのマネジャーの方々とお会いする機会をいただくことができました。

この本を書こうと思ったきっかけは、２つあります。１つは、１ｏｎ１を通じてマネジメントの転換を図ろうとしている企業が急増する中で、実際に研修サービスを提供しながら、もっと多くのマネジャーの方々に情報を届けたいとの思いが強くなっていったことです。私は１ｏｎ１の導入と定着に向けたマネジメント研修を中心にサービスを提供しておりますが、研修形式で届けられる人数には限界があり、より多くのマネジャーの方々に届けるための方法を模索し、このような「１ｏｎ１の実践書」という形にまとめることにしました。

もう１つの理由は、自分自身の約25年間のマネジメント経験を踏まえ、もう一度やり直すことができたら、以前よりもマネジャーとして組織に貢献できたのではないかと思い、それなら現在マネジャーとして苦労されている方々にヒントとして届けることができれば、少しでも助けになるのではないかと思ったからです。

私自身、完璧なマネジャーだったかというと決してそんなことはありません。上司やメンバーに支えられ、やっとの思いで役割の一部を果たしてきた程度だと思っています。私の失敗から得た教訓や、少なからずうまくいった経験を踏まえ、実践的に役立つエッセンスを書かせていただきました。その中から1つでも読者のみなさんに共感いただける内容があれば幸いです。

最後になりますが、本書の制作にご協力いただいた方々のお名前を掲げて感謝の言葉に変えたいと思います。

第4章「1on1を使いこなす企業に学ぶ」で取材にご協力いただいた株式会社リクルートの中島耕平さん、植村友恵さん、松田未来さん、中野純兵さん、早川浩平さん、大隣崇裕さん、株式会社HR‐QUESTの廣瀬信太郎さん、MSD株式会社の戸村玲子さん、渡邊隆一郎さん、津森桂子さん、森康晴さん、沖田雅代さん、沖口裕二さん、中嶋桐子さん、森康秀さん、佐藤淳也さん。みなさんのご協力があったからこそ、現場の具体的な変化を伝えることができました。

また、私にコーチングの可能性を教えてくれたエグゼクティブコーチの床波ゆかりさん、1on1の普及活動に多大なご協力をいただいたローレルゲート株式会社代表の守屋麻樹さん、このお2人との出会いがなければ、この本を書けるような経験はできなかったと思います。

そして、この本を書く直接的なきっかけを与えてくれた、Zホールディングス株式会社の本間浩輔さん、ヤフー株式会社の吉澤幸太さん、お2人と一緒に1on1の普及活動をしてきたことが、この本を書くことにつながりました。

執筆に際して支援いただいたライターの間杉俊彦さん、コンセプトから構成までを考え抜き、最後まで全力で支援いただいたダイヤモンド社HRソリューション事業室の廣畑達也さん、お2人の支援により、無事完成に至ることができました。

みなさん、本当にありがとうございました。

最後に、私のライフワークとなった「組織・人材開発」という領域に導いてくれた、リクルート創業メンバーの1人、故・大沢武志さんに心より感謝申し上げます。

2021年11月

由井俊哉

［著者］
由井俊哉（ゆい・としや）
1985年株式会社リクルート（現リクルートホールディングス）入社。人材アセスメントの営業を経て、現リクルートマネジメントソリューションズで、人材・組織開発領域のソリューション営業及びコンサルティング業務に携わる。2012年よりコーチング事業の立ち上げを推進し、事業責任者を務める。2016年に退職し、「リーダーシップ・組織開発」を事業とする株式会社ODソリューションズを設立。発行部数7万部超の『ヤフーの1on1――部下を成長させるコミュニケーションの技法』(本間浩輔著)、『1on1ミーティング――「対話の質」が組織の強さを決める』（本間浩輔・吉澤幸太著）の刊行をサポート。
2011年多摩大学大学院経営情報学研究科修士課程修了（MBA）、2013年GCDF-Japan認定キャリアカウンセラー、2015年米国CTI認定プロフェッショナル・コーアクティブ・コーチ(CPCC)、2018年米国CRR Global認定オーガニゼーション＆リレーションシップ・システムコーチ（ORSCC）。
メールアドレス：toshiya.yui@odsolutions.co.jp

部下が自ら成長し、チームが回り出す
1 on 1戦術
――100社に導入してわかったマネジャーのための「対話の技術」

2021年11月16日　第１刷発行
2023年11月22日　第３刷発行

著　者――由井俊哉
発行所――ダイヤモンド社
〒150-8409　東京都渋谷区神宮前6-12-17
https://www.diamond.co.jp/
電話／03･5778･7229（編集）　03･5778･7240（販売）
編集協力――間杉俊彦
装丁――――松昭教(bookwall)
本文デザイン、DTP―matt's work
校正――――鷗来堂
製作進行――ダイヤモンド・グラフィック社
印刷・製本―勇進印刷
編集担当――廣畑達也

ISBN 978-4-478-11418-6